BANGKOK

Inhalt

Exkurse zwischendurch

Bewertung der Sehenswürdigkeiten

★ ★ ★	auf keinen Fall verpassen
★ ★	besonders sehenswert
★	wichtige Sehenswürdigkeit für speziell interessierte Besucher

Rainer Krack

CITY|TRIP

BANGKOK

Nicht verpassen!

1 Wat Phra Kaew und Grand Palace [D7]
Thailands imposantester Tempelkomplex, das spirituelle Herz des Landes und ein Höhepunkt thailändischer Architektur. Kein Aufenthalt in Thailand ist ohne den Besuch dieser Anlage komplett (s. S. 74).

6 Wat Po [D8]
Der Tempelkomplex, eine weitläufige Anlage mit zahllosen Pagoden und Figuren, beherbergt den berühmten riesigen „Liegenden Buddha" und ist ein Zentrum traditioneller Massage und Medizin (s. S. 79).

12 Wat Suthat [E7]
Einer der wichtigsten Tempel Thailands mit einer der heiligsten Buddha-Figuren. In seinem Schatten finden sich einige kulturelle Kuriositäten, z. B. die überdimensionale „Große Schaukel" **11**, die einst zu zeremoniellen Zwecken eingesetzt wurde (s. S. 82).

18 Wat Ratchanadta mit Lohaprasad [F6]
Der „Tempel mit dem Eisenturm", eines der außergewöhnlichsten religiösen Gebäude Thailands, wurde nach sri-lankischem Vorbild errichtet. Insesondere im Morgen- oder Nachmittagslicht ist der Anblick der Anlage überwältigend (s. S. 85).

19 Wat Saket mit „Golden Mount" [G6]
Hoch über der Altstadt Bangkoks leuchtet weithin die goldene Kuppel dieses Tempelkomplexes, beinahe ein spiritueller „Leuchtturm" (s. S. 86).

22 Wat Benchamabophit [H4]
Dieser auch „Marmortempel" genannte Bau ist ein ästhetisches Meisterwerk, umgeben von gepflegten Gartenanlagen und einem romantischen Klong (Kanal) (s. S. 89).

28 Wat Arun [C8]
Die eigenwillige, turmartige Architektur hat den „Tempel der Morgenröte" zu einer Art inoffiziellem Wahrzeichen der Stadt gemacht hat. Am schönsten ist der Anblick – ungeachtet des Namens – bei Sonnenuntergang (s. S. 92).

Leichte Orientierung mit dem cleveren Nummernsystem
Die Sehenswürdigkeiten der Stadt sind zum schnellen Auffinden mit **fortlaufenden Nummern** versehen. Diese verweisen auf die ausführliche Beschreibung **im Kapitel „Bangkok entdecken"** und zeigen auch die genaue Lage **im Stadtplan.**

Benutzungshinweise

City-Faltplan

Eine **Liste der im Buch beschriebenen Örtlichkeiten** wie Sehenswürdigkeiten, Restaurants, Hotels, Cafés, Infostellen befindet sich auf S. 136.

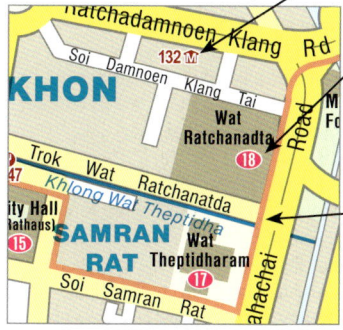

Adressangaben

› Zahlreiche **Adressangaben** beinhalten das Wort „Soi" (Gasse). Sois sind durchnummerierte Gassen, die von größeren Hauptstraßen ausgehen. Auf der einen Straßenseite der Hauptstraße gehen die Sois mit geraden Zahlen ab (z. B. 2, 4 etc.), auf der gegenüberliegenden die Sois mit den ungeraden Zahlen (1, 3 etc.).
    Gelegentlich gibt es „Unter-Sois", d. h. kleinere Sois, die von größeren Sois ausgehen. Diese werden durch einen Querstrich gekennzeichnet, z. B. Sukhumvit Soi 3/1. Nach dem Querstrich steht die Nummer des „Unter-Sois".

› **Etagen** werden gleich vom Erdgeschoss aus gezählt. Das Erdgeschoss gilt somit als 1. Etage. Untergeschosse werden als „Basement" bezeichnet, kurz „B".

Vorwahlen

› **Thailand:** 066
› **Bangkok:** 2

Orientierungssystem

Zur schnelleren Orientierung tragen alle Hauptsehenswürdigkeiten und Lokalitäten sowohl im Text als auch im Kartenmaterial die gleiche Nummer:

› **◫132** Mit Symbol und fortlaufender Nummer werden die sonstigen Lokalitäten wie Cafés, Geschäfte, Hotels, Infostellen usw. gekennzeichnet.

› **⓲** Mit einer magentafarbenen Nummer sind die Hauptsehenswürdigkeiten gekennzeichnet. Steht die Nummer im Fließtext, verweist sie auf die Beschreibung der Sehenswürdigkeit im Kapitel „Bangkok entdecken".

› Die farbige Linie markiert den Verlauf des Stadtspaziergangs (s. S. 8).

[F6] In eckigen Klammern steht das Planquadrat im Kartenmaterial, in diesem Beispiel Planquadrat F6.
    Ortsmarken ohne Angabe des Planquadrats liegen außerhalb unserer Karten. Sie können aber wie alle Örtlichkeiten in unseren speziellen Luftbildkarten auf der Produktseite dieses Buches unter www.reise-know-how.de oder direkt unter http://ct-bangkok14. reise-know-how.de lokalisiert werden.

Abkürzungen

› AC = mit Klimaanlage, bei Hotels oder Bussen (sprich *ä-sii*)
› Ave. = Avenue
› Bldg. = Building (in Adressenangaben)
› BTS = Bangkok Transit System, der „Skytrain" (sprich *bii-tii-es*)
› Ctr. = Center/Centre
› MRT = Mass Rapid Transit System, die U-Bahn (sprich *em-ar-tii*)
› Rd. = Road (Straße)
› Sq. = Square (Platz)
› Stn. = Station, Bahnhof
› TAT = Tourism Authority of Thailand, thailändisches Fremdenverkehrsamt

Impressum

Rainer Krack

CityTrip Bangkok

erschienen im
REISE KNOW-HOW Verlag Peter Rump GmbH,
Osnabrücker Str. 79, 33649 Bielefeld

© REISE KNOW-HOW Verlag
Peter Rump GmbH 2010, 2012
**3., neu bearbeitete und komplett
aktualisierte Auflage 2014**
Alle Rechte vorbehalten.

ISBN 978-3-8317-2406-2
PRINTED IN GERMANY

Dieses Buch ist erhältlich in jeder Buch-
handlung Deutschlands, der Schweiz,
Österreichs, Belgiens und der Niederlande.
Bitte informieren Sie Ihren Buchhändler
über folgende Bezugsadressen:
Deutschland: Prolit GmbH, Postfach 9,
D-35461 Fernwald (Annerod)
sowie alle Barsortimente
Schweiz: AVA Verlagsauslieferung AG,
Postfach 27, CH-8910 Affoltern
Österreich: Mohr Morawa Buchvertrieb
GmbH, Sulzengasse 2, A-1230 Wien
Niederlande, Belgien: Willems
Adventure, www.willemsadventure.nl
Wer im Buchhandel kein Glück hat,
bekommt unsere Bücher auch über
unseren Büchershop im Internet:
www.reise-know-how.de

Herausgeber: Klaus Werner
Lektorat: amundo media GmbH
Layout: Klaus Werner (Umschlag),
amundo media GmbH (Inhalt)
Karten: Ingenieurbüro B. Spachmüller,
amundo media GmbH
Druck und Bindung: Media-Print, Paderborn
Fotonachweis: der Autor (rk)
Anzeigenvertrieb: KV Kommunalverlag
GmbH & Co. KG, Alte Landstraße 23,
85521 Ottobrunn, Tel. 089 928096-0,
info@kommunal-verlag.de

Alle Informationen in diesem Buch sind
vom Autor mit größter Sorgfalt gesammelt
und vom Lektorat des Verlages gewissen-
haft bearbeitet und überprüft worden.
Da inhaltliche und sachliche Fehler nicht
ausgeschlossen werden können, erklärt
der Verlag, dass alle Angaben im Sinne
der Produkthaftung ohne Garantie erfolgen
und dass Verlag wie Autor keinerlei
Verantwortung und Haftung für inhaltliche
und sachliche Fehler übernehmen.
Die Nennung von Firmen und ihren
Produkten und ihre Reihenfolge sind als
Beispiel ohne Wertung gegenüber anderen
anzusehen.
Qualitäts- und Quantitätsangaben sind
rein subjektive Einschätzungen des Autors
und dienen keinesfalls der Bewerbung von
Firmen oder Produkten.
Wir freuen uns über Kritik, Kommentare
und Verbesserungsvorschläge:
info@reise-know-how.de

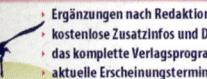

Auf ins Vergnügen

002bk Abb.: rk

Bangkok im Intensivdurchgang

Egal wie kurz der Aufenthalt ausfällt, einige wichtige Highlights sollte man sich auf keinen Fall entgehen lassen. Dazu zählt an erster Stelle die überwältigende Tempelanlage Wat Phra Kaew ❶ mit dem nahen Königspalast. Dieser Komplex ist so etwas wie das spirituelle Zentrum des buddhistischen Königreiches und zugleich ein architektonisches Wunder. Weiterhin locken die nahen Tempel Wat Po ❻ mit seinem riesigen liegenden Buddha wie auch Wat Arun ㉘, der markante „Tempel der Morgenröte", der sich wie ein stummer Wächter am Ufer des Chao-Phraya-Flusses in den Himmel erhebt.

Im Grunde ist der **gesamte alte Stadtkern** von Bangkok, „Rattanakosin Island" genannt, eine einzige große Sehenswürdigkeit. Auf engstem Raum drängen sich hier Dutzende von faszinierenden Tempelanlagen, jede mit ihrem ganz eigenen Charakter. Der Stadtteil nennt sich übrigens deshalb Rattanakosin-Insel, weil er vom Fluss und einigen Klongs (Kanälen) umgeben ist – die alten Bauherren wollten die Stadt gegen Feinde absichern.

Nicht versäumen sollte man auch einen Blick in **Bangkoks Nachtleben.** Dieses kann – bekanntermaßen – dubios und verrucht sein, es existieren aber auch genügend unbedenkliche Unterhaltungsmöglichkeiten. Die Thais haben einen unbändigen Ausgehtrieb, daher gibt es unzählige Amüsiermöglichkeiten aller erdenkli-

◁ Vorseite: Früher wurde der Verkehr vor allem auf dem Wasser abgewickelt, heute geschieht dies nur noch zu einem kleinen Teil

Routenverlauf im Stadtplan
Der hier beschriebene Spaziergange ist mit einer farbigen Linie im Stadtplan eingezeichnet.

chen Schattierungen. Und davon profitiert auch der Tourist – von der thailändischen Essenslust und den damit einhergehenden Zigtausend Restaurants unterschiedlichster Küchenrichtungen ganz zu schweigen!

1. Tag: Spaziergang im historischen Stadtkern

Den Rundgang beginnt man frühmorgens in **Wat Phra Kaew und dem Grand Palace ❶**, am besten gleich zur Öffnungszeit um 8.30 Uhr. Im Morgenlicht kommt die unglaublich filigrane, gleichzeitig überschwängliche und bombastische Architektur dieser Anlage am besten zur Geltung. Wat Phra Kaew ist Thailands wichtigster Tempel und das spirituelle Herz des Landes, einen besseren Ausgangspunkt kann man sich kaum wünschen.

Von dort kann man gleich anschließend **Wat Po ❻** besuchen, der einen riesigen liegenden Buddha beherbergt. Der Tempel ist gleichzeitig ein Zentrum der traditionellen thailändischen Massage – man kann sich hier auch eine Massage verabreichen lassen – und die zahlreichen Chedis und über das Gelände verteilten Figuren machen den Tempel auch zu einem der fotogensten Anlagen Bangkoks.

Vom Bootspier westlich von Wat Po überquert man per Fähre den Fluss und gelangt direkt zu **Wat Arun ㉘**, dem markanten „Tempel der Mor-

EXTRATIPP

Das besondere Viertel: Soi Phraeng Phuton

Ein paar hundert Meter westlich von Sao-Ching-Chaa ❶ , zwischen Thanon Tanao und Atsadang Rd., befindet sich das kleine Viertel um Soi Phraeng Phuton, das aus zahlreichen **kleinen alten chinesischen Wohn- und Geschäftshäusern** besteht. Die Bewohner sind stolz auf ihr Viertel und sichtlich bemüht, seinen **altertümlichen Charme** so gut wie möglich zu erhalten. Eine Gasse weiter nördlich, in Soi Phraeng Nara, befindet sich ein ehemaliger kleiner **Palast von König Rama 5.** Das grüne, schrullig wirkende Gebäude, das so gar nicht in das Stadtbild des heutigen Bangkok passen will, beherbergt heute eine Schule. In Soi Phraeng Phuton sieht man passenderweise auch eine Sammlung von Oldtimer-Autos, die hier von einer Werkstatt wieder hergerichtet werden. Ein paar alte Karossen parken hier zu jeder Zeit.

Einen Besuch wert ist evtl. auch das kleine **Restaurant Chote Chitr.** Es befindet sich seit über 100 Jahren in den Händen derselben Familie und war lange eine Legende in Sachen Thai-Küche. Heute beschweren sich viele Besucher über rüden Service – man sei also gewarnt. An einem guten Tag ist das Essen jedoch hervorragend. Ein paar Meter weiter westlich befindet sich **The Bhuthorn LLL**, ein winziges Boutiquehotel, das von einem Architektenehepaar in einem der alten Häuser eingerichtet wurde. Die drei Zimmer sind eingerichtet wie das Haus eines Feudalherren des 19. Jh. Origineller kann man in Bangkok kaum wohnen. Etwas weiter südwestlich, mit Blick auf den romantischen, wenn auch etwas reinigungsbedürftigen Klong Lod, betreibt dasselbe Ehepaar das ähnlich gelagerte, aber größere **The Asadang LLL**.

Wer eine Erfrischung benötigt, ist im kleinen **Café Raan Chika-Chaa** gut aufgehoben. Die Besitzerin serviert Kaffee und Tee zu absoluten Niedrigpreisen. Von dem offenen kleinen Lokal lässt sich gut das Straßengeschehen überblicken.

🍽1 [E7] **Chote Chitr** €, 146 Soi Phraeng Phuton, Thanon Tanao, Tel. 02 2214082, Mo.–Sa. 11–21 Uhr

☕2 [E7] **Raan Chika-Chaa**, Thanon Tanao Ecke Soi Phraeng Phuton, geöffnet Mo.–Fr. 8.15–15.15 Uhr

🏨3 [D7] **The Asadang LLL** €€€, 94/1 Atsadang/Asadang Rd., Tel. 085 1807100, www.theasadang.com

🏨4 [E7] **The Bhuthorn LLL** €€€, 96–98 Soi Phraeng Phuton, Tel. 02 6222270, www.thebhuthorn.com

---

genröte". Sein Hauptmerkmal ist ein 74 m hoher, nach oben hin spitz zulaufender *prang* bzw. Turm, der mit bunten Porzellanscherben und Figuren wunderschön verziert ist. Der Turm kann bestiegen werden – aber Vorsicht, die engen, hohen Stufen machen Auf- und Abstieg ein wenig schwerer, als es zunächst aussieht. Von der höchsten Stelle erhält man einen wunderbaren Ausblick über Bangkok, die Kamera daher unbedingt mitnehmen. Wat Arun befindet sich genau genommen außerhalb von Rattanakosin Island, da auf der anderen Flussseite gelegen, aufgrund seiner imposanten Erscheinung sollte man ihn aber in diesem Zusammenhang besuchen.

Nachdem man per Fähre wiederum auf die Ausgangsseite des Flusses übergesetzt hat, nimmt man ein Tuk-Tuk (s. S. 125) oder Taxi nach **Sao-Ching-Chaa** ❶ , der „Großen Schaukel". An der „Großen Schaukel" wurden früher rituelle „Schaukelfeste" abgehalten, heute ist das Gebilde ein einprägsames Monument und ein guter Orientierungspunkt. Wer sich beiderseits der Schaukel in der **Bamruang Muang Road** umsieht, findet zahlreiche Geschäfte, die buddhistische Devotionalien und Mönchsutensilien verkaufen. Dazu finden sich hier einige Buddha-Fabriken und -Geschäfte, die vor ihrer Tür reihenweise gold schimmernde (Metall-) Buddhas ausstellen.

An der Südseite von Sao-Ching-Chaa steht **Wat Suthat** ⓬, der eine hoch verehrte Buddha-Statue beherbergt, den Phra Buddha Shakyamuni. Der Buddha stammt aus der ersten Hauptstadt Thailands, Sukhothai, und ist einer der größten (Bronze-) Buddhas des Landes. Wenn man schon einmal hier ist, sollte man einen kurzen Blick in den Brahmanen-Tempel **Bot Phram** ⓮ werfen, der sich ein paar Schritte nordöstlich von Sao-Ching-Chaa befindet. Der Tempel ist relativ unscheinbar, als Sitz der thailändischen Brahmanen, die für die religiösen Riten am Königshof verantwortlich zeichnen, kulturhistorisch jedoch sehr wichtig. In der Nähe liegt auch ein kleiner hinduistischer **Vishnu-Tempel** ⓭.

Jetzt böte sich vielleicht eine **Mittagspause** an. Wenn man von Bot Phram die Dinso Road ein- oder zweihundert Meter in Richtung **Democracy Monument** ⓰ geht, findet man zahlreiche preiswerte Restaurants. Die meisten befinden sich gegenüber der Westseite des modernen **Rathauses** ⓯.

Nach der Mittagspause flaniert man nun die in östliche Richtung, Weiter an der Kreuzung mit der Ma-

hachai Road liegt **Wat Theptidharam** ⓱. In diesem hübschen und friedlichen Tempel lebte im 18. Jh. Thailands berühmtester Dichter, Sunthorn Phu, als Mönch. Direkt nördlich am Wat Theptidharam grenzt **Wat Ratchanadta** ⓲, auf dessen Gelände sich ein kleiner, aber weithin bekannter Markt für Buddha-Amulette und -Devotionalien befindet. Das augenfälligste Merkmal der Anlage aber ist der **Lohaprasad** bzw. „Eisenturm", eine in Thailand einmalige architektonische Konstruktion.

Auf der anderen Straßenseite der Mahachai Road erblickt man den auf einem Hügel stehenden goldenen Chedi von **Wat Saket** ⓳. Wer jetzt nicht zu müde ist, steigt den Chedi empor – von oben bietet sich freie Aussicht auf den gesamten alten Stadtkern. In der Ferne kann man die Chedis und Turmspitzen von Wat Phra Kaew sehen, weiter im Vordergrund ragt die „Große Schaukel"

▷ *Weithin sichtbare Eleganz: der Turm von Wat Arun* ㉘*, von der Memorial Bridge aus gesehen*

008bk Abb.: rk

in den Himmel, fast jeder wichtige Tempel des Stadtviertels ist von hier aus sichtbar. Hier endet der kleine Rundgang.

Wer noch unternehmungslustig ist, nimmt ein Taxi zum sogenannten „Marmor-Tempel": **Wat Benchamabophit** ㉒. Dies ist einer der architektonisch schönsten Tempel der Stadt und die beste Besuchszeit ist der Spätnachmittag, wenn die goldene Sonne die Westseite des Tempels bescheint. Die den Tempel umgebende Anlage weist einen Klong (Kanal) mit einigen sehr hübschen kleinen Brücken auf und ist von Steinfiguren flankiert – ein kleines Idyll inmitten der Mega-Metropole.

Jetzt könnte man den Besuchstag getrost abschließen und sich ein Restaurant für das **Abendessen** aussuchen – wenn da nicht noch ein **fantastischer Anblick** ausstünde. In der Abenddämmerung, bei Sonnenuntergang, präsentiert sich **Wat Arun** ㉘

von seiner attraktivsten Seite, aber vom dem Tempel gegenüberliegenden Flussufer aus. Exakt gegenüber Wat Arun befindet sich ein kleiner Pier, der den besten Aussichtspunkt darstellt. Kurz vor Sonnenuntergang beginnt sich der Himmel um die Tempelsilhouette in den verschiedensten Farben zu verfärben. Je nach Jahreszeit und Tageslaune ist er rosa, tiefrot oder violett, manchmal alles nacheinander – ein spektakulärer Anblick!

2. Tag: Thonburi und Chinatown

Die Tagestour beginnt wieder an einem Tempel, dieses Mal am imposanten **Wat Indraviharn** ㉑. Dessen Besonderheit ist ein 41 m hoher stehender, goldener Buddha, der gen Osten blickt. Von hier aus kann man zu Fuß zum **Thewes-Markt** gehen, einem bekannten alten Markt, auf dem man traditionelles Marktgeschehen beobachten kann. Die Umgebung

des Marktes ist für seine vielen preiswerten und sehr guten kleinen Restaurants bekannt. Vielen Bangkokern läuft das Wasser im Mund zusammen, wenn sie das Wort „Thewes" (sprich Thewét) hören. Wer noch kein Frühstück hatte, dem bieten sich hier zahlreiche Möglichkeiten dazu.

Westlich des Marktes befindet sich ein Bootspier, von dem aus man an-

schließend ein Expressboot in südliche Richtung nimmt und an der Brücke Saphan Phut [E9] aussteigt. Auf der Fahrt passiert man unter anderem Wat Phra Kaew ❶ und Wat Arun ㉘. Viele Touristen sind erstaunt ob der vielen exotischen Anblicke, die sich vom Boot aus bieten – sozusagen von der Hinterhofseite Bangkoks aus. Zudem ist auch die Fortbewe-

Das gibt es nur in Bangkok: Gebetsschreine für Liebe, Glück

*Probleme haben die Menschen überall auf der Welt – die Bewohner Bangkoks haben jedoch den Vorteil, dass ihnen zahlreiche gutwillige Geister bei deren Lösung zur Seite stehen. Über die Stadt verstreut findet sich eine **große Anzahl von Gebetsschreinen,** die bei ganz bestimmten Problemen oder Sorgen aufgesucht werden.*

*Auf dem CentralWorld Plaza, dem Vorplatz an der Ostseite des CentralWorld Shopping Centers (s. S. 25), gibt es gleich zwei solcher Schreine. An der Nordostecke steht ein prächtiger Schrein mit einer goldenen Figur des hinduistischen Elefantengottes Ganesh. Bevor Thailand – früher Siam genannt – buddhistisch wurde, stand es unter dem Einfluss des Hinduismus, zahlreiche Elemente davon haben sich bis heute erhalten. Am **Ganesh-Schrein** beten die Gläubigen für Glück und Wohlstand. Dabei rezitieren sie im Geiste spezielle Gebete, die sie von einem Handzettel ablesen. Die Zettel werden von den Blumenhändlern verteilt, die auch jene Blumen verkaufen, die als Opfergaben am Schrein abgelegt werden. Dazu werden tagtäglich **Tausende von Räucherstäbchen** abgebrannt und wer sich länger am Schrein aufhält, wird einen Geruch in*

seinen Kleidern tragen, als wäre er soeben einem Waldbrand entkommen.

*Ein paar Schritte südlich des Schreins befindet sich Bangkoks Schrein für Miseren amouröser Art: der **Trimurti-Schrein.** Dieser ist um eine Figur der hinduistischen „Dreifaltigkeit" (bestehend aus den Göttern Brahma, Vishnu und Shiva) angelegt und wer hier betet, findet angeblich die Liebe seines Lebens, oder Probleme mit dem Liebespartner werden behoben. In den 1990er-Jahren kam der Schrein in Mode. Vor allem Teenager waren von der Kraft der Statue überzeugt und durch Mund-zu-Mund-Propaganda wurde der Schrein bald stadtbekannt. Oder vielleicht hat das Management des CentralWorld das Gerücht anfänglich gestreut? Auszuschließen wäre ein solcher PR-Gag nicht. Der Schrein mit der Götterfigur ist von einem Wasserbecken umgeben, an dessen Rand – ganz in Einklang mit den romantischen Anliegen – Sträuße mit roten Rosen abgelegt werden. An beiden o. g. Schreinen finden sich besonders am späten Nachmittag oder frühen Abend viele Gläubige ein.*

Dienstagabends geht es an der Royal Plaza an der Phitsanulok Road [15] so richtig rund: Zu dieser Zeit kommen zahlreiche Bangkoker zusammen, um

gung auf dem Wasser schon für sich ein Erlebnis.

Vom Bootspier Saphan Phut sieht man auf der anderen Flussseite den Chedi von **Wat Prayunwong** ㉛, mit einer Fähre gelangt man preiswert direkt zum Tempel. Hier befindet man sich nun schon in Thonburi, dem Stadtteil, der noch am ehesten an das Bangkok vergangener Jahrzehnte

und Wohlergehen

an einer **überlebensgroßen, schwarzen Reiterstatue von König Chulalongkorn** *(1868-1910) zu beten. Angeblich steigt der Geist des Königs jeden Dienstagabend herab und erfüllt die Wünsche seiner Untertanen. So betet man hier um Glück und Gesundheit, oder um endlich das große Lotterielos zu ziehen. Thais sind passionierte Lotteriespieler und Ziehungen, bei denen besonders hohe Summen ausgeschüttet werden, werden mit angespanntem Interesse verfolgt - so als ginge es um ein wichtiges Spiel der Fußballnationalmannschaft. Zu den dargebrachten Opfergaben gehören Blumen, Kerzen, aber auch Whisky. 2008 legte ein Führer der außerparlamentarischen PAD (People's Alliance for Democracy), Sonthi Limthongkul, vor der Statue mengenweise gebrauchte Monatsbinden ab - damit sollte seinen politischen Gegnern der Garaus gemacht werden. Wie so viele Thais ist auch Limthongkul ein Anhänger magischer Riten. Auf welche wundersame Weise die Kombination von Statue und Monatsbinden wirken sollte, war nicht ganz klar. Die Monatsbinden wurden während politischer Veranstaltungen der PAD bei den teilnehmenden Frauen gesammelt - eine Entsorgung der ganz besonderen Art.*

erinnert. Ein kurzer Fußweg in nordwestliche Richtung führt den Bummler zur **Santa Cruz Church** ㉚ und zu **Wat Kalayanimit** ㉙, beide direkt am Flussufer gelegen. Hier führt eine bescheidene „Promenade", ein schmaler Gehweg, den Fluss entlang. Die einfachen Häuser hier erinnern daran, dass man schon relativ weit vom Glitzer der Stadtmitte entfernt ist.

Von hier aus nimmt man am besten ein Taxi oder Tuk-Tuk ins **kleine indische Viertel Pahurat**, das von einem mehrstöckigen Sikh-Tempel überragt wird (s. S. 20). Während der Fahrt passiert man den Blumenmarkt Pak Klong Talaat (s. S. 31), leider ist es nicht die optimale Tageszeit für einen Besuch. Im Sikh-Tempel findet sich mit Sicherheit jemand, der sich anbietet, dort herumzuführen – ohne finanzielle Hintergedanken.

An der Ostseite von Pahurat zweigt die quirlige, mit Waren und Menschen überquellende **Sampeng Lane** ab. Hier befindet man sich ganz plötzlich in **Chinatown**. Chinatown ist das geschäftigste bzw. chaotischste Viertel Bangkoks und nicht jeder Besucher ist dem Tohuwabohu lange gewachsen - man liebt es oder man hasst es. Zumindest in der Yaowarat Road [F8/G9], die dicht an dicht zahllose Geschäfte, Restaurants und Straßenstände aufwarten, sollte man sich ein wenig umsehen. Die Bürgersteige sind eng und werden teilweise von Händlern in Beschlag genommen. Den am Ostrand von Chinatown gelegene **Wat Trimit** ㉞ mit seinem riesigen goldenen Buddha sollte man keinesfalls verpassen.

Wer nach dem stressigen Abschnitt in Chinatown eine Stärkung benötigt, kann sich an der Ecke Song Sawat Rd./Charoen Krung Rd. ein Glas „bittere Medizin" *(yaa-khom)* gön-

nen. Dies ist ein bitter schmecken-
des chinesisches Gebräu, das viele
Chinesen als Tonikum trinken. Das
Geschäft, das den Trunk verkauft, besteht seit Generationen und die Glä-
ser verkaufen sich im Sekundentakt.
Ganze 15 Cent kostet der Spaß.

So gestärkt wandert man anschließend direkt am Fluss entlang nach
Süden, vorbei an alten chinesischen
Lagerhäusern, an der **Holy Rosary
Church** 35 und an dem einen oder
anderen an europäischen Jugendstil
erinnernden Gebäude. Wer von der
Kirche weiter geradeaus nach Süden
flaniert, verlässt allmählich den tur-
bulenten Stadtteil und gelangt zum
noblen Royal Orchid Sheraton Riverside Hotel – hier beginnt eine gänzlich andere Welt.

3. Tag: im Trubel des modernen Bangkok

In seinen **modernen Geschäfts-, Ein-
kaufs- und Unterhaltungsvierteln** präsentiert sich Bangkok von einer völlig anderen Seite. Als Beginn der Tour
empfiehlt sich der **Siam Square** [L/
M8], das geschäftige Einkaufszen-
trum und ein Knotenpunkt des Skytrain und unzähliger Buslinien. In dieser Umgebung kann man sich hem-
mungslos dem Kaufrausch hingeben,
aber es gibt auch die eine oder andere Sehenswürdigkeit, z. B. den **Erawan-Schrein** 38 oder den stillen **Wat
Pathum Vanaram** (s. S. 28), eine unerwartete Oase der Einkehr inmitten
der Shoppingpaläste.

Wem die **Shoppingcenter entlang
dem Skywalk** (s. S. 26) nicht genü-
gen, kann ein wenig nach Norden
„ausbrechen": Etwas weiter nördlich, im **Stadtteil Pratunam**, finden
sich zahlreiche weitere Einkaufsmög-
lichkeiten, vor allem für preiswer-

te Kleidung und Elektro- sowie Com-
puterwaren (Panthip Plaza, s. S. 28).
Thailands höchstes Gebäude, der
Baiyoke 2 Tower, dient als unüber-
sehbare Orientierungshilfe.

Über den Skytrain in östliche Richtung gelangt man weiter zur **Sukhumvit Road** [P8/Q9], der langen Aus-
fallstraße gen Osten. Die Straße mit
den zahlreichen davon abzweigenden Sois bzw. Gassen ist einer der hy-
peraktivsten Stadtteile, mit zahllosen
Unterhaltungs- und Essensmöglich-
keiten und etwas Straßen-Shopping
(meist billige Kleidung, Souvenirs und
Piratenprodukte). Der Abschnitt zwischen Soi 3 und Soi 23 ist eines von
Bangkoks **berühmt-berüchtigsten
Nightlife-Vierteln**. Spät nachts kann
man hier zahlreiche bizarre Szenen
erleben.

In den Straßenzügen rund um die
Sukhumvit Rd. **wimmelt es von un-
terschiedlichen Typen:** Araberin-
nen in Burkas, die ihren Ehegatten
brav hinterhertrotten, europäische
Sextouristen im Rentenalter, bie-
dere Touristenfamilien mit Kindern
und Kinderwagen, weiterhin zahllose Prostituierte, Transvestiten und
Transsexuelle. Dazu gesellen sich der
ein oder andere Elefant, der von seinem Besitzer zum Betteln durch die
Straßen getrieben wird, Straßenhänd-
lerinnen im „Exoten-Look" der thailändischen Bergvölker, Verkaufsstän-
de mit gerösteten Insekten u. v. m. Es
lohnt sich in jedem Fall, ein Lokal mit
Straßenblick aufzusuchen und die
unvergesslichen Eindrücke in sich
aufzusaugen.

Wem dies immer noch nicht genü-
gen sollte, der nimmt ein Taxi, fährt
in Richtung Silom Road [L11] und
streift durch das dortige Nightlife-
Viertel **Patpong** – wilder könnte der
Tag kaum ausklingen.

Zur richtigen Zeit am richtigen Ort

Was passiert wann? Hier sind die wichtigsten Festtage und Ereignisse im Jahresverlauf aufgelistet. Bitte beachten: Die buddhistischen Feste richten sich nach dem Mondkalender und sind daher beweglich.

❭ Jan./Feb.: **chinesisches Neujahrsfest.** In den chinesischen Tempeln, vor allem in Chinatown, wird ausgiebig gefeiert, aber der Rest der Stadt ist still und erholsam wie nie. Die meisten von Thai-Chinesen geführten Geschäfte sind geschlossen.

❭ Feb.: Das **buddhistische Fest Makha Pucha** wird abends mit Kerzenprozessionen an Tempeln begangen.

❭ Feb. bis April: **Drachenflug-Saison** auf dem Sanam Luang ❷. Auf dem großen Rasenplatz lassen die Bangkoker ihre Drachen steigen und es kommt zu wahren Drachenkämpfen mit oft „tödlichem" Ausgang (für den unterlegenen Drachen).

❭ März: Im 30 km entfernten Ort Nakhon Chaisi findet das irrwitzige „**Tätowierfestival**" statt. Die Teilnehmer lassen sich mit magischen Symbolen tätowieren und fallen in Trance.

❭ 12.–15. April: Beim wilden **Frühlingsfest Songkran** begießen sich die Feiernden mit Wasser oder beschießen sich mit Wasserpistolen – oder wahren Wasserkanonen. Wasserscheue sollten Bangkok an diesen Tagen meiden. Ansonsten: Alle Wertsachen, die am Körper getragen werden, wasserdicht verpacken. Das Fest markiert den Beginn der heißen Jahreszeit.

◁ *Es weihnachtet sehr: Wer geglaubt hat, in Bangkok dem Weihnachtstrubel entgehen zu können, hat sich getäuscht. Spätestens ab Anfang Dezember werden die Kunden in den Kaufhäusern mit Weihnachtsliedern beschallt. So manche Festdekoration bildet einen charmant-witzigen Gegenpol zum tropisch-thailändischen Ambiente.*

△ *Zu Halloween verwandelt sich die Khao San Road [D/E5] in ein Tollhaus*

❯ Mai: Die alte brahmanische **Zeremonie des Pflügens** wird auf dem Sanam Luang ❷ abgehalten, bei der Brahmanen am Verhalten von Ochsen die Aussichten auf die kommende Ernte prognostizieren. Bauern reisen aus dem ganzen Land an, um gesegnetes Saatgut zu erhaschen.

Gesetzliche Feiertage

❯ 1.1.: **Neujahrstag**
❯ Februar: **Makha Pucha,** buddhistisch
❯ 6.4.: **Chakri Day** zu Ehren der Monarchie
❯ 12.–15.4.: **Songkran,** Frühlingsfest
❯ 1.5.: **Tag der Arbeit**
❯ 5.5.: **Coronation Day** in Erinnerung an die Krönung König Bhumipols
❯ Mai: **Visakha Puja,** buddhistisch
❯ Juli: **Asanha Puja,** buddh., und **Khao Phansa,** Beginn der buddhistischen Fastenperiode
❯ 12.8.: **Geburtstag Königin Sirikits** und „Muttertag"
❯ 14.10.: **Democracy Day**
❯ 23.10.: **Chulalongkorn Day** zu Ehren König Chulalongkorns, Rama V.
❯ Oktober: **Ok Phansa,** das Ende der buddhistischen Fastenperiode
❯ 10.12.: **Constitution Day,** Tag der Verfassung
❯ 5.12.: **Geburtstag König Bhumipols** (Rama IX.)

Achtung: Fällt ein gesetzlicher Feiertag auf einen Samstag oder Sonntag, so ist auch der folgende Montag arbeitsfrei.

❯ Mai: **Visakha Puja,** wichtigster buddhistischer Feiertag, der gleichzeitig Buddhas Geburt, Erleuchtung und Tod gedenkt, mit abendlichen Kerzenprozessionen an den Tempeln, sehr malerisch.
❯ 12. August: **Geburtstag von Königin Sirikit** und gleichzeitig „Muttertag". Überall in der Stadt sind große bis überdimensionale Portraits der Königin zu sehen und auf dem Sanam Luang ❷ wird gefeiert.
❯ September: **Bangkok International Film Festival** mit internationalen Filmen und Stars. Die Filme werden im Kino des Siam Paragon Shopping Center (s. S. 28), des CentralWorld (s. S. 25) und anderer Shoppingcenter gezeigt.
❯ Okt.: Das **Vegetarian Festival** bedeutet, neun Tage vegetarischer Freuden – und ansonsten Askese! Hunderte von Straßenständen in Chinatown servieren vegetarische Spezialitäten und auch viele Restaurants stellen ihre Speisekarten auf fleischlos um.
❯ Okt./Nov.: Zu **Loy Krathong,** Thailands romantischstem Fest, werden abends Blumen- und Kerzengestecke auf Gewässern ausgesetzt. Ein Fest für Verliebte und Paare, auch die Kinder freuen sich darauf. Das Fest markiert den Beginn der „kühlen" Jahreszeit.
❯ Okt./Nov.: Das südindische **Thimithi-Fest** am hinduistischen Mariammam-Tempel ⓵⓪. Gläubige laufen über glühende Kohlen und durchstechen ihre Körper mit Haken, Ösen, Stangen und Speeren.
❯ 5. Dez.: **Geburtstag von König Bhumipol.** Überall an Straßen und Gebäuden sind Bilder des Königs zu sehen, manchmal haushoch. Der Ratchamnoen-Boulevard ist an diesem Tag mit Lichterketten geschmückt und auf dem Sanam Luang ❷ feiern Tausende von Menschen.
❯ 31. Dez.: **Großer Silvester-Countdown** auf dem CentralWorld Plaza (s. S. 25), *der* Ort zum Feiern mit viel Musik und Spaß.

◿ *Im Stadtteil Thonburi scheint die Zeit teilweise stehengeblieben zu sein*

Bangkok für Citybummler

Viele Stadtteile haben ihren ganz eigenen Charakter, der sie für Erkundungen besonders aufregend macht. In manchen Vierteln geht es beschaulich zu, in anderen hektisch. Hier folgt ein Überblick über die für Entdecker wichtigsten Viertel.

Bangkok für Zeitreisende

Thonburi, die „Stadt der Reichtümer", heißt der Stadtteil, der sich auf der westlichen Seite des Chao-Phraya-Flusses befindet. Einst war dies eine eigenständige Stadt und für kurze Zeit sogar Hauptstadt des alten Siam, heute ist es die **verschlafene Seite Bangkoks**, der Teil der Stadt, in dem die Uhren noch langsamer ticken. Alles sieht ein bisschen älter und schlichter aus als am östlichen Flussufer. Die Häuser sind manchmal sogar noch aus Holz, viele reihen sich entlang der Klongs bzw. Kanäle, die einst die wichtigsten Verkehrswege waren. Je weiter man sich nach Westen bewegt, umso ländlicher und idyllischer wird es, ab und an trifft man sogar noch auf Palmen- oder Kokoshaine.

Zur Fortbewegung empfehlen sich hier Tuk-Tuks oder Taxis, denn der Stadtteil ist sehr weitläufig. Einige der Sehenswürdigkeiten liegen aber relativ nah beieinander und können zusammen zu Fuß besucht werden. Von den Piers am Chao Phraya kann man sich **Boote zur Erkundung der Klongs** in Thonburi mieten. Dies ist sicher ein großartiges Erlebnis, denn vom Boot aus sieht man typisches thailändisches Leben, von dem man von der Straße aus nicht viel mitbekommt: Kinder plantschen in den Kanälen, ihre Mütter waschen die Familienwäsche darin und gelegentlich paddelt ein Mönch vorbei und nimmt von den Uferbewohnern Essensgaben entgegen.

Bangkok zum endlosen Staunen

Das traditionelle Herzstück der Stadt, das ursprüngliche Bangkok, ist **Rattanakosin Island**, hier sind die meisten alten Tempel zu sehen. Für eine erste Besichtigungstour ist dies zweifellos der Stadtteil der Wahl. Er ist übrigens nur insoweit eine „Insel", als er vom den Chao-Phraya-Fluss und einigen davon ausgehenden Kanälen umgeben ist. Die Kanäle waren einst zur Verteidigung gebaut. Heute sind sie von geringer Bedeutung, vom Inselcharakter merkt man ohnehin nichts.

Das Viertel ist derart reich gespickt mit historischen, oft **mit überschwänglicher Architektur ausgestatteten Monumenten,** dass die meisten Besucher ins Schwärmen geraten – so in etwa stellt man sich ein orientalisches Zauberland vor. Vielerorts zeigt sich eine charmante europäische Architektur, etwa frühes 20. Jh., vor allem an Regierungsgebäuden. Inmitten dieser Gegend befindet sich auch das Viertel Banglamphoo mit der **Khao San Road** [D/E5]. Die Khao San Road ist *der* Treffpunkt für Backpacker und jüngere Touristen – kein Wunder, dass in der ca. 300 m langen Straße bis in die Nacht hinein ein stetiger Trubel herrscht. Hier reihen sich zahllose Guest Houses, Bars, Restaurants, Reisebüros, Tätowierläden, Souvenirshops u. v. m. aneinander. Auch wenn hier sicher nicht jeder übernachten möchte, so ist die festivalhafte Atmosphäre der Straße einen Blick wert. Eine ausgeflipptere Touristenszene gibt es nirgendwo in Bangkok.

Die meisten Sehenswürdigkeiten in dem Viertel liegen so nah beieinander, dass man sie gut **zu Fuß erkunden** kann. Eventuelle längere Strecken können durch eine kurze Tuk-Tuk- oder Taxifahrt überbrückt werden. Um die Hauptattraktionen Wat Phra Kaew ❶ und Wat Po ❻ herum gibt es einige von der Stadtverwaltung eingerichtete Stände, an denen man sich kostenlos (weiße) Fahrräder ausleihen kann. Die Idee ist sehr gut, der Verkehr in Bangkok mag jedoch abschreckend wirken. Bitte beachten: Linksverkehr!

Bangkok für Entdecker mit starken Nerven

Tief Atem holen, entspannen und hinein! Wenn man irgendwo starke Nerven und ruhiges Blut braucht, so ist es sicher in **Chinatown.** Nirgends in Bangkok sind die Bürgersteige enger und mit allen möglichen Ständen oder Waren zugestellt, nirgendwo gibt es mehr Menschengedränge und Verkehr als hier. Und laut ist es obendrein. Chinatown – oder Yaowarat, wie die Einheimischen das Viertel nennen – ist ein **merkantiles Chaos.** Oben geht es scheinbar genauso wild durcheinander wie unten, denn über den Straßen prangt ein undurchdringlicher Schilderwald aus Geschäftsschildern auf Thai und Chinesisch, vor allem entlang der Yaowarat Road [F8/G9].

Verlässt man die Hauptstraßen und begibt man sich in die versteckteren kleinen Gassen, lässt sich so manche unvermutete Entdeckung machen: mysteriöse Schreine, versteckte kleine Spielhöllen, dubiose „Teehäuser", dazu die unterschiedlichsten Berufssparten, z. B. Sargmacher, Wahrsager, Kastanienröster, Zahnersatzhersteller oder Ärzte mit Spezialgebiet Hämorrhoiden. Letztere hängen in ihren Fenstern „Vorher-Nachher-Bilder" ihrer Patienten aus, besonders die „Vorher-Bilder" sind nicht sehr appetitanregend. Entlang der Yaowarat Road finden sich viele chinesische Medizinläden, von Ginseng-Wurzeln über getrocknete Seepferdchen bis hin zu Pulver aus Hirschgeweihen werden alle erdenklichen chinesischen Heilmittel angeboten. Einige der älteren Händler benutzen statt Taschenrechner noch den Abakus.

Ein kulturelles Kuriosum ist **Wat Ganikaphon** in der Plapplachai Rd.

[G8], ein Tempel, der im 19. Jh. von einer chinesischen Prostituierten gespendet wurde, um Ablass von ihren Sünden zu erlangen (*wat ganikaphon* = „aus Hurenlohn entstandener Tempel"). In seiner Frühphase war Chinatown vollgespickt mit Opiumhöhlen und Bordellen, in denen die einsamen chinesischen Immigranten Trost fanden. Noch heute sollen sich die Prostituierten des Viertels zum Beten speziell zu diesem Tempel begeben.

Durch Chinatown bewegt man sich **am besten zu Fuß,** anders lassen sich die versteckten Facetten des Viertels kaum entdecken. Zudem sind die meisten Straßen hier Einbahnstraßen, was bei An- oder Abfahrt Umwege verursachen kann. Am besten merkt man sich, dass die Yaowarat Road von Ost nach West „einbahn" verläuft, die Charoen Krung Road in die Gegenrichtung: Dies sind die wichtigsten Verkehrsadern des Viertels.

◁ *Dichter Schilderwald in der Yaowarat Rd. [F8], Chinatown*

Das Bangkok der Mode und des Kommerz

Will man in das **hochmoderne, glitzernde Bangkok** eintauchen, so eignet sich dafür am besten der Stadtteil, der die Bereiche Siam Square [L8], Ploenchit Road [M/O8] und Ratchadamri Road [N8/9] umfasst. Dieser Bereich ist Bangkoks konzentriertester Shoppingdistrikt und die oft **gigantischen Shoppingcenter** sind blitzende, teils futuristisch anmutende Konstruktionen aus Stahl und Glas, die auch in Singapur oder New York nicht fehl am Platze wären. Essen und Shoppen sind die liebsten Freizeitbeschäftigungen der Bangkoker und die exklusiven Shoppingcenter, vor allem das Siam Paragon (s. S. 28), sind auch so etwas wie **gesellschaftliche Treffpunkte.** Der Dorfschwatz von früher findet heute im blinkenden Foyer des Paragon statt. Sie werden erstaunt sein, wie modisch und schick hier die meisten Besucher aufkreuzen – selbst die Studenten und Studentinnen, die per Uni-Reglement weißes Hemd bzw.

Pahurat – wo Chinatown an den Ganges grenzt

Am Südweststrand von Chinatown be-
findet sich seit Jahrzehnten das klei-
ne indische Viertel Pahurat. Es liegt
entlang Chakraphet Rd. und Pahurat
Rd., sein auffallender Mittelpunkt ist
der Sikh-Tempel „Siri Guru Singh
Sabha". Unter den Geschäftstrei-
benden des Viertels befinden sich vie-
le Sikhs, dazu Hindus aus dem soge-
nannten „Kuhgürtel" Indiens (die
Bundesstaaten Uttar Pradesh und Bi-
har) wie auch Bangladescher und eth-
nische Nepalesen aus Myanmar. (Letz-
tere sind die Nachkommen von Gur-
kha-Soldaten, die die Briten einst in
Myanmar angesiedelt hatten.)

Auf dem Pahurat Market (s. S. 32)
lässt es sich vortrefflich nach preiswer-
ten indischen Textilien, Handwerksar-
tikeln, Devotionalien u. v. a. stöbern.
In einigen Geschäften findet man Me-
tallfiguren hinduistischer Götter, vom
Handtaschenformat bis zu Lebensgrö-
ße – bei größeren Figuren wird der
Kaufpreis nach Kilogramm berechnet!
In der Gasse südlich des Shoppingcen-
ters India Emporium neben dem Sikh-
Tempel gibt es DVD-Läden mit einer
großen Auswahl an Bollywood-Filmen
für 1,50 € pro DVD. Das India Empo-
rium bietet Stoffe und Kleidung, im

Obergeschoss lockt ein Food Court mit
thailändischem und indischem Essen
(z. T. vegetarisch). Gegenüber befindet
sich die geschäftige Chakraphet Phar-
macy (s. S. 34).

🏠5 *[E8] India Emporium,*
   561/77 Chakraphet Rd., Pahurat,
   tgl. 10–21 Uhr

Im o. g. Sikh-Tempel werden täglich
von ca. 8 bis 10 Uhr kostenlose vege-
tarische Gemeinschaftsessen gebo-
ten, die „langar", ein fester Bestand-
teil des religiösen Lebens der Sikhs.
Dazu ist jeder Besucher herzlich will-
kommen, egal welcher Religionszuge-
hörigkeit. Über von weit her gereiste
Gäste freut man sich besonders.

Ansonsten gönnt man sich eine
Mahlzeit im Royal India Restaurant.
Das kleine Lokal besteht seit über drei
Jahrzehnten und ist eine Legende in
Sachen indischer Küche. Es gibt einige
Zweigstellen in der Stadt, das Stamm-
haus aber bietet das authentische Er-
lebnis – zu niedrigen Preisen.

🍴6 *[D5] Royal India Restaurant,*
   392/1 Chakraphet Rd. (enge,
   dunkle Gasse gegenüber einem
   kleinen chinesischen Tempel),
   Tel. 02 2216565, tgl. 10–23 Uhr

Bluse und schwarze Hose bzw. Rock
tragen müssen, machen das Beste
aus ihrer Uniform, alles ist bis ins De-
tail durchgestylt.

Shoppingcenter wie das Siam Paragon oder CentralWorld (s. S. 25) sind
so weitläufig, dass man sich schnell
darin verläuft. Die Verkaufsfläche des
CentralWorld ist etwa so groß wie die
Fläche Suvarnabhumi-Airport-Termi-
nals. An den Informationsschaltern

von Siam Paragon oder CentralWorld
werden daher kostenlos Übersichts-
pläne ausgehändigt.

Das Gebiet ist am besten zu Fuß zu
erkunden, etwas längere Distanzen
können mit Tuk-Tuk oder Taxi zurück-
gelegt werden. Im Bereich zwischen
dem MBK Center (s. S. 25) und dem
Central Chitlom Department Store
kann man sich gut per Skytrain fort-
bewegen (s. S. 123).

Das kosmopolitische, vergnügungssüchtige Bangkok

Entertainment, Essen und Shopping – diese drei Grundbausteine eines Bangkokaufenthalts vereinigen sich am nahtlosesten in der langen **Sukhumvit Road** [S10], vor allem in ihrem westlichen Bereich bis Soi 23 (Soi = Gasse, s. S. 5). Hier findet man jede Menge Bars – darunter auch die berüchtigten Go-go-Bars –, Discos, Restaurants, Hotels in gehobener Preislage und zahllose Straßenstände, die verkaufen, was man eigentlich nicht braucht, aber plötzlich unbedingt will. Vom T-Shirt mit schlüpfriger Aufschrift bis zum neusten Film-Hit auf Piraten-DVD ist alles dabei.

In erster Linie ist es das **Nachtleben**, das viele (meist) männliche Besucher hierhin zieht. Prostitution – in allen ihren vielfältigen Formen – ist allgegenwärtig und wer in diesem Zusammenhang moralische Bedenken hat, sollte das Viertel besser meiden, zumindest zu fortgeschrittener Stunde. Spätnachts kann es zu absurden Szenen kommen, einige Bereiche verwandeln sich in Open-Air-Kontakthöfe und König Alkohol zeigt bei vielen Besuchern seine Wirkung. Ruhiger und „sittsamer" wird Sukhumvit östlich von Soi 23. Hier gibt es weniger nächtliche Etablissements.

Die Straße selber kann laut und chaotisch sein, in den davon abzweigenden Sois ist aber auch die Ruhe zu Hause. Kein Wunder, dass in den Sois von Sukhumvit viele wohlsituierte Expats leben. Vom Wohnkomfort und **kulinarischen Angebot** her ist dies eine der besten Gegenden der Stadt. Die Restaurants bieten nahezu jede internationale Küche: italienisch, französisch, vietnamesisch, indisch, arabisch, libanesisch, chinesisch, japanisch, mexikanisch, skandinavisch, deutsch u. v. m. Thailändische Restaurants sind möglicherweise in der Minderzahl. Die italienische ist die beliebteste ausländische Küche in Bangkok. Nach Angaben der italienischen Botschaft gibt es mehr italienische Restaurants in der Stadt (über 700) als registrierte italienische Staatsbürger und viele der Restaurants finden sich an der Sukhumvit.

Der **Skytrain** (s. S. 123) verläuft genau über die Sukhumvit Road entlang und so kann man alle sehenswerten Lokalitäten leicht erreichen. Die wichtigsten Stationen für Besucher sind Nana, Asok und eventuell noch Phrom Phong, da sich in deren Nähe einige gute Restaurants wie auch ein nobles Shoppingcenter (Emporium) befinden. Ansonsten kann man den gesamten touristisch wichtigen westlichen Teil der Straße bequem zu Fuß durchqueren. Besondere Vorsicht ist beim Überqueren der Kreuzung Sukhumvit/Soi 3/Soi 5 und der Kreuzung Sukhumvit/Soi Asoke geboten: Das verwirrende Ampelsystem und die aus unvorhergesehener Richtung auftauchenden Autos haben so manchen unachtsamen Fußgänger zu Schaden kommen lassen. An der Kreuzung Sukhumvit/Soi Asoke empfiehlt es sich, die Unterführung zu nehmen, die die Ostseite der Kreuzung mit der BTS-Station Asok verbindet. (Die BTS-Station nennt sich auf ihren Schildern „Asok"; die daran liegende Soi wird jedoch meist „Asoke" geschrieben. Einen speziellen Grund gibt es dafür nicht – außer dass das Thai eine komplizierte Sprache ist.) Taxis sind in Sukhumvit nur bedingt zu empfehlen, da die Straße die meisten Tageszeiten hindurch verstopft ist.

055bk Abb.: rk

Bangkok für Nachtschwärmer und Feilscher

Die Silom Road [L11] und ihre Parallelstraßen Suriwongse Road und Sathorn Road protzen mit zahlreichen Bürohochhäusern und Banken, daher nennt man das Viertel auch „Bangkoks Wall Street", was aber sicher etwas überzogen ist. Schon in der Frühphase Bangkoks, im 19. Jh., ließen sich in der Umgebung ausländische Kaufleute nieder und der Bereich wurde zu einem **merkantilen Zentrum.**

Durch die Geburt des **berüchtigten Patpong-Rotlichtviertels** in den 1960er-Jahren veränderte sich jedoch allmählich die Balance, das bizarre Nachtleben wurde bald der bekannteste Aspekt in diesem Stadtbereich. Die Go-go-Bars von Patpong

wurden legendär und Patpong **zum Sinnbild für Thailands Sexindustrie** schlechthin. Heute zieht Patpong hartgesottene Sextouristen ebenso an wie neugierige Rentnerehepaare oder Backpacker. Manche kommen vielleicht nur zum Einkaufen an den dicht gedrängten Straßenständen, welche die Rotlichtbars teilweise fast unsichtbar machen. Wenn irgendwo **Feilschen** angebracht ist, dann hier, denn die Händler setzen zunächst einen Höchstpreis an.

Im Windschatten der Rotlichtzeilen Patpong 1 und Patpong 2 haben sich **kleine „Subviertel" mit eigener Subkultur** gebildet: Da sind die japanischen Karaoke-Bars in Soi Thaniya, zu denen Nicht-Japanern oft der Zutritt verweigert wird, oder die Schwulenszene in Silom Soi 4 und um das Montien Hotel herum. Wer lieber am Rande des Geschehens bleibt, findet an der Peripherie von Patpong zahl-

⌂ *In Bangkok unterhalten gleich mehrere Beatles-Coverbands das Publikum – hier die Band „Fab4"*

reiche tadellose Restaurants und den einen oder anderen bodenständigen Irish Pub.

Der **östliche Teil der Silom Road,** an dem sich auch Patpong befindet, wird vom Skytrain abgedeckt – im wahrsten Sinne des Wortes, denn die Trasse des Skytrains lässt kaum noch Sonnenlicht bis zum Bürgersteig durch; zudem reflektiert sie den Straßenlärm und so kann es laut und hektisch werden. Der Bau des Skytrains hat die Silom Road sicher nicht attraktiver gemacht, aber man ist nicht mehr auf die Taxis angewiesen, die oft nur stockend vorwärtskommen. Ansonsten kann man sich in Silom/Patpong sehr gut zu Fuß bewegen – wenn man von den Straßenständen, die den Gehweg oft blockieren, einmal absieht.

Im **westlichen Teil der Silom Road** geht es weitaus gemächlicher zu. Auf halbem Weg biegt die Trasse des Skytrains nach Süden ab und die Straße wird somit auch sonniger. Das Windmühlen-Denkmal, das man hier auf halber Höhe an der Straße sieht, soll an den Grund des Namens „Silom" erinnern: *si-lom* bedeutet „vier Winde" und in dieser Gegend soll früher immer eine kräftige Brise geweht haben. Heute befinden sich in dieser Umgebung weitere Restaurants, Hotels und Geschäfte sowie das Hauptbüro von Thai Airways. Nahe dem Westende der Silom Road betreiben zahlreiche ausländische **Edelsteinhändler** ihre Geschäfte, darunter Inder, Moslems aus Nahost und Israelis. Der hinduistische, südindische Mariammam-Tempel ⓴ an der Silom Road ist eine kleine architektonische Überraschung, die Moschee in der Gasse direkt gegenüber dem Tempel drückt der Ecke einen weiteren multikulturellen Tupfer auf.

Bangkok für Kauflustige

Bangkok ist ein wahres Shoppingparadies, vor allem für Produkte im unteren und mittleren Preisbereich. Wer es auf teure Designerwaren von Louis Vuitton, Rolex oder Armani abgesehen hat, ist in Singapur oder Hongkong wahrscheinlich besser aufgehoben. Nicht ohne Grund wurde Bangkok schon als „Asia's Bargain Basement" bezeichnet, als „Asiens Schnäppchenzentrum". Reisende mit kleinem Geldbeutel können sich auf lohnenswerte Einkaufstrips freuen.

Besonders günstig ist in Bangkok **Kleidung,** deren Qualität zudem sehr gut ist – thailändische Textilien werden weithin exportiert. Modeaccessoires, Lederwaren, Handwerkliches, Kuriosa und landestypische Souvenirs sind ebenfalls überall günstig zu erstehen, Elektronik- und Fotoartikel oft preiswerter als in Europa. Auch englischsprachige Bücher erhält man zu geringen Preisen, dazu Waren des medizinischen Bedarfs, z. B. Medikamente, Brillen, Kontaktlinsen u. Ä. Trotz offizieller Rezeptpflicht sind fast alle Medikamente frei erhältlich.

Der **Kauf von Antiquitäten und teurem Schmuck,** Edelsteinen etc. kann sehr profitabel sein, dann sollte man sich jedoch in der Materie auskennen. Tätigen Sie keine großen Käufe in diesem Metier, wenn Sie darin nicht bewandert sind! Außerdem ist zu beachten, dass bei Käufen von Edelsteinen keine Rückzahlung der MWSt. geleistet wird (s. S. 107).

Weiterhin wird allerorten **Piratenware** angeboten: Musik-CDs, DVDs mit Hollywoodfilmen, Computerprogramme, dazu Uhren, Designerkleidung und -accessoires usw. Beden-

101bk Abb.::rk

Die wichtigsten Shoppingareale

Bangkoks **größtes zusammenhängendes Shoppingareal** erstreckt sich entlang der Rama I. Road [L/M8] und ihrer Verlängerung, der Chitlom Road, und von diesen gut 1 km nordwärts bis zum Viertel Pratunam. In diesem Quadrat findet man (fast) alles, was man sich wünschen kann: Billigkleidung und teure Modeware, landestypische Souvenirs und preiswerte Elektronikwaren. Das Einkaufen findet hier in hochmodernem Ambiente statt, die Kaufhäuser stehen ihren Pendants im Westen an Komfort nicht nach und die Klimaanlagen sorgen für angenehme Temperaturen. Wenn es beim Einkauf „ursprünglicher" zugehen soll, bietet sich besonders der etwas außerhalb des Stadtkerns befindliche Chatuchak-Markt (s. S. 29) an.

Kleinere Shoppingzonen finden sich in vielen anderen Stadtteilen, so z. B. entlang der Silom Road [L11], der Sukhumvit Road [S10] und im Touristen-/Backpacker-Viertel Banglamphoo (Khao San Road [D/E5]).

ken Sie, dass man bei der Einfuhr solcher Waren nach Europa Ärger am Zoll bekommen kann. Zum Trost: Selbst legale CDs und DVDs sind in Bangkok preiswerter als in Europa.

Feilschen kontra Festpreis: Auf Märkten, an Straßenständen und in zahllosen kleinen Läden kann – nein, muss – um den Preis gefeilscht werden. In den meisten Fällen kann man den Ausgangspreis um 25 bis 50 % drücken. Nicht handeln lässt sich hingegen in den Kaufhäusern und Department Stores, der Preis auf dem Etikett ist bindend. Viele Shoppingcenter bieten Touristen aber einen Discount von 5 bis 10 %, darunter alle Zweigstellen der Central-Kette. Nachfragen lohnt sich in jedem Fall. Falls in dem betreffenden Haus ein solcher Nachlass gewährt wird, braucht man nur einen kleinen Zettel mit Angaben zu Namen und Nationalität auszufüllen.

⌂ Auch in Metall gegossene Buddha-Figuren sind eine Art „Ware", die transportiert werden muss

Einkaufstipps

Die wichtigsten Shoppingcenter

Das Warenangebot der Shopping-center reicht von sündhaft teuren De-signerlabels (siehe vor allem Paragon und Gaysorn Plaza) bis hin zu super-preiswerter Stangenware (siehe MBK Center).

🛍️**7** [08] **Central Chitlom,** Ploenchit Rd., Ecke Soi Chitlom, 10–22 Uhr, www. central.co.th, BTS: Chitlom. Das alt-gediente Flaggschiff der Central-Gruppe, mehrfach modernisiert, besticht mit gutem Rundum-Angebot, von Kleidung und Kosmetika über Uhren, Elektro- und Haushaltswaren bis hin zu Büchern und CDs. Besonders empfehlenswert ist der Superm arkt im 1. Stock, der zusammen mit dem Supermarkt des Siam Paragon der bestbestückte Bangkoks ist (großes Angebot an westlichen Speisen).

🛍️**8** [N8] **CentralWorld,** Ecke Ratchadamri Rd./Rama I. Rd., 10–22 Uhr, www. centralworld.co.th, BTS: Siam oder Chit-lom. Mit 550.000 m² Verkaufsfläche Thailands größtes Shoppingcenter und perfekt dazu geeignet, sich darin zu ver-laufen. Vom Angebot her dem Siam Paragon ähnlich, allerdings weniger besucht und das Shoppingerlebnis ist somit entspannter. Auch hier finden viele Werbeveranstaltungen statt und dabei werden Livemusik und viel Frohsinn präsentiert. Der Buch- und CD-Laden „B2S", der sich über drei Stockwerke erstreckt (1.–3. Stock), bietet eine gute und preisgünstige Auswahl an CDs und DVDs. Im 7. Stock befindet sich ein sehr gut bestückter Supermarkt, dazu locken zahlreiche Restaurants.

An die Südseite des CentralWorld ist der **Zen Department Store** ange-schlossen, der hochpreisige Kleidung und Accessoires bietet. Direkt an der Nordseite ist er wiederum mit dem japanischen **Isetan Shopping Center** verbunden, in dessen Supermarkt und Restaurants viele japanische Speisen angeboten werden.

🛍️**9** [T11] **Emporium,** Sukhumvit Rd., Ecke Sukhumvit Soi 24, 20–21/22 Uhr, www.emporiumthailand.com, BTS: Phrom Phong. Kleines, aber feines Shop-pingcenter östlich der Innenstadt in einem wohlhabenden Stadtbereich mit viel (Sport-)Kleidung und Golfzubehör, Elektroartikeln, Schmuck, Kosmetika u. a. Empfehlenswert ist das sehr pro-fessionell arbeitende Reisebüro „TV Air" im 3. Stock (www.tvair.co.th, Mo.–Sa. 10–19 Uhr).

🛍️**10** [N8] **Gaysorn Plaza,** Ratchadamri Rd., Ecke Ploenchit Rd., 10–21 Uhr, www. gaysorn.com, BTS: Chitlom. Bangkoks exklusivste Shoppingmall mit Filialen von Gucci, Prada, Louis Vuitton, Given-chy, Christian Dior, Fendi, Hugo Boss u. a. Schnäppchenjäger haben hier keine Chance. Drinnen wird von einem Duftzerstäuber das Aroma von Muskat-nuss verbreitet, was das noble Ambiente nasenfreundlich abrundet. Der Name „Gaysorn" hat schon manchen Besucher verwirrt – *gaysorn* ist jedoch lediglich Thai für „Safran".

🛍️**11** [L8] **MBK Center (Mahboonkrong Shopping Center),** Phyathai Road, gegenüber Siam Square, 10–21/22 Uhr (je nach Geschäft), www.mbk-center. co.th, BTS: National Stadium. **Wenn man nur Zeit für ein einziges Shoppingcenter hat, so sollte es das MBK sein.** Auf 6 Eta-gen gibt es ein Rundumangebot, das nicht zu schlagen ist. Geboten werden preiswerte und auch gediegenere Klei-dung, Schuhe, Modeaccessoires, dazu Handys, Uhren, Souvenirs, Kameras und Elektrogeräte ... Unterbrechen kann man den Shoppingaufenthalt mit einer Fuß-massage oder einem Besuch in einem der zahlreichen Restaurants. Besonders günstig: Im Erdgeschoss befinden sich oft Wühltische mit um 50 % reduzierten

Bequemer Einkaufsbummel dank Skywalk

*Bangkoks Bürgersteige sind oft alles andere als leicht navigierbar, umso erfreulicher, dass es den Skywalk gibt. Der Skywalk ist eine **Fußgängertrasse**, die unter der Trasse des Skytrain (BTS) angelegt ist, ca. 8 m über der Rama I. Rd. Der Skywalk verläuft vom Paragon Shopping Center bis zur Skytrain-Station Chitlom. Zusammen mit einigen anderen oberirdischen Verbindungswegen, die vom Skywalk abzweigen, kann man auf einer Strecke von ca. 1,2 km durch Bangkoks wichtigste Shoppingzone flanieren. Dabei bietet **er Schutz vor Sonne und Regen**.*

*Und so funktionierts: Beginnen wir den Einkaufsbummel im Westen, am **MBK Center** und Tokyu Shopping Center, die beide in einem einzigen weiträumigen Gebäude untergebracht sind. An der Nordseite des Tokyu Shopping Centers, im 2. Stock, führt eine erhöhte Fußgängertrasse zur BTS-Station National Stadium, in entgegengesetzter Richtung aber in den*

*3. Stock des Siam Discovery Center. Die Einheimischen nennen es meist kurz „Siam Dis". Von der 4. Etage des „Siam Dis" führt eine gläserne Verbindungsbrücke in den 4. Stock des daneben gelegenen Siam Center. Falls Sie die schmale Brücke nicht finden, halten Sie nach der Starbucks-Filiale Ausschau, die Brücke liegt gleich daneben. Das Siam Center ist eines der ersten Shoppingcenter dieser Gegend, mittlerweile mehrfach renoviert. Gehen Sie dort bis zur Ostseite des Centers durch. Auf der 2. Etage, Ostseite, kann man das Gebäude verlassen und man erreicht einen Vorplatz des **Siam Paragon Shopping Center** (Siam Paragon Plaza) samt Springbrunnen und Sitzbänken. Der Vorplatz befindet sich ein Stockwerk über der Ebene der vorbeiführenden Straße, die Rama I. Rd.*

Vom Vorplatz aus sehen Sie auch schon einen der Zugänge des gigantischen Center Siam Paragon. Gehen Sie hinein und geradeaus durch, so gelan-

Skywalk, Skizze

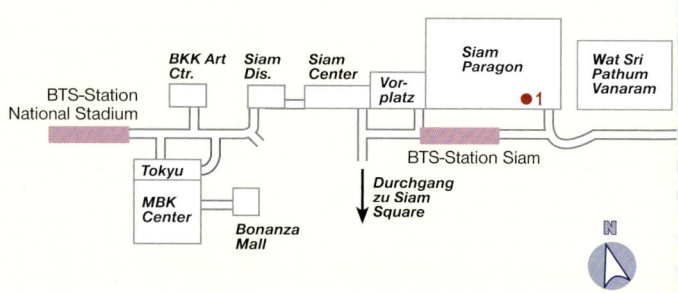

gen Sie an der anderen Seite des Gebäudes, also am Ostende, zur BTS-Station Siam. Die Station ist mittels einer Fußgängerbrücke mit dem Paragon verbunden.

Von der BTS-Station führt nun der eigentliche Skywalk genau unter der BTS-Trasse her in Richtung Osten, stets ein paar Meter über der Rama I. Road. Geht man den Skywalk weiter in östlicher Richtung enlang, so gelangt man (über kleine abzweigende Verbindungsbrücken) zu den folgenden Shoppingcentern (in Reihenfolge von West nach Ost):

❭ *CentralWorld* samt angeschlossenem Zen Department Store und Isetan Shopping Center (lohnender Ausblick zwischen Paragon und CentralWorld auf Wat Pathum Vanaram, s. S. 28)
❭ *Gaysorn Plaza* (nördlich sieht man, etwas verdeckt, Bangkoks höchstes Gebäude, den Baiyoke 2 Tower)
❭ *Erawan Shopping Center* (mit perfektem Ausblick auf den Erawan-Schrein ㊳)

❭ *Amarin Plaza*
❭ Der „Skywalk" endet an seiner Ostseite an der BTS-Station Chitlom. Gleich nordöstlich der Station befindet sich noch der große **Central Chitlom Department Store,** der mittels Verbindungsbrücke mit der BTS-Station verbunden ist. Um die BTS-Station zu durchqueren, bräuchte man aber ein Ticket, alternativ kann man hier ein paar Meter über den Bürgersteig wandern, um zum Central Chitlom zu gelangen.

Über die klugen Verbindungswege kann man also ein Dutzend Shoppingcenter besuchen, ohne jemals den Bürgersteig betreten zu müssen, außerdem ergeben sich immer wieder imposante Ausblicke. Wer gerne fotografiert, sollte sich bei Sonnenuntergang auf den Vorplatz des Siam Paragon begeben. In der Abenddämmerung wird man oft mit betörenden Farbkontrasten zwischen den wechselnden Farben des Himmels und den Lichtern der Shoppingcenter belohnt.

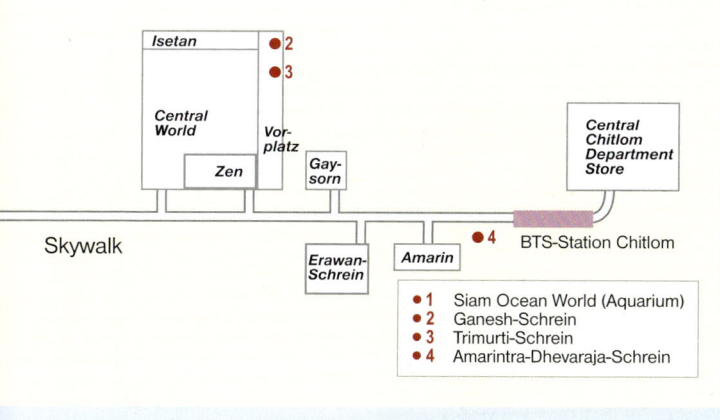

Skywalk

Isetan
● 2
● 3
Central World
Vor-platz
Zen
Gay-sorn
Central Chitlom Department Store

Erawan-Schrein
Amarin
● 4
BTS-Station Chitlom

● 1   Siam Ocean World (Aquarium)
● 2   Ganesh-Schrein
● 3   Trimurti-Schrein
● 4   Amarintra-Dhevaraja-Schrein

EXTRATIPP

Zuflucht vor dem Kommerz

Fast das gesamte Areal um die BTS-Stationen Siam und Chitlom wird von Shoppingcentern in Beschlag genommen. Einen erfrischenden Gegenpol bietet der **Tempel Wat Pathum Vanaram,** dessen Gelände gleich an die Ostseite des Paragon Shopping Center anschließt. Zwischen den Tempelgebäuden erstreckt sich ein hübscher kleiner Wald mit Buddha-Schreinen und Sitzbänken. Hier könnte man meinen, der Trubel der Stadt sei unendlich weit entfernt – eine echte **Oase der Ruhe.** Wat Pathum Vanaram wurde 1857 von König Mongkut (Rama IV.) erbaut und dient heute als Aufbewahrungsort der Asche der Königinmutter (1900–1995). Wie bei allen mit dem Königshaus verbundenen Tempeln ist das Fotografieren verboten (in diesem Fall nur im inneren Bereich, auf die Schilder achten!).

Von der Verbindungsbrücke zwischen Skywalk und dem CentralWorld aus bekommt man einen guten Eindruck vom „Einzelgängercharakter" des Tempels: Man sieht den Tempel, das Grün seiner Bäume, zwischen den klotzigen Shoppingcentern ragt zaghaft die Spitze des Chedis in die Höhe – und wirkt wie ein Mahnmal gegen den allgegenwärtigen Kommerz.

● **14** [M8] **Wat Pathum Vanaram,**
Rama I. Rd., ca. 6–20 Uhr, Eintritt frei

Waren, vor allem Kleidung und Schuhe. An der Nordseite des MBK schließt sich nahtlos das **Tokyu Shopping Center** an, ein kleineres Kaufhaus, das sich vor allem für Markenkleidung lohnt.

🛍 **12** [M7] **Panthip Plaza,** Petchaburi Rd., 10–19/21 Uhr (je nach Geschäft), BTS: Siam oder Chitlom, jeweils ca. 1,5 km entfernt. Bangkoks legendäres IT-Shoppingcenter, 5 Stockwerke vollgepackt mit Läden für Computer, Software, Kameras und Zubehör. Die Preise sind mit die niedrigsten in Bangkok, bei manchen besonders preiswerten Käufen aber kann keine MwSt. zurückgefordert werden (s. S. 107), da die Waren am Steueramt vorbei verkauft werden. Einige Geschäfte führen Computerreparaturen durch, z. B. „Global Solutions" mit Zweigstellen in mehreren Etagen.

🛍 **13** [M8] **Siam Paragon Shopping Center,** Rama I. Rd., gegenüber Siam Sq., 10–22 Uhr, www.siamparagon.co.th, BTS: Siam. Das Siam Paragon ist mit 300.000 m² Verkaufsfläche Bangkoks zweitgrößtes Shoppingcenter und der Ort für Shopaholics, um „gesehen" zu werden – das Siam Paragon gilt als eine Art Shoppingmekka der Geldelite. Viele junge Leute kommen aber auch nur, um hier zu flanieren. Das Center ist hochmodern und bietet auf sieben Stockwerken ein riesiges Waren- und Dienstleistungsangebot. Es gibt viel Markenkleidung – von Hermes, Chanel und Armani bis hin zu preiswerteren Marken –, dazu Elektroartikel (Kameras, Computer usw.), Schreibwaren, CDs und DVDs u. v. m. „Kinokuniya" im 3. Stock ist Thailands größter Buchladen, bestens bestückt mit englischsprachigen Romanen oder Non-Fiction-Büchern. Im 2. Stock kann

014bk Abb.: rk

◁ *Lachen ist gesund: aufheiternde kleine Mönchsfiguren auf dem Gelände von Wat Pathum Vanaram*

Midnight Sale!
Zu manchen Monatsenden oder zu bestimmten Festen (z. B. Weihnachten) bleiben manche der o. g. Kaufhäuser oft mehrere Tage lang bis Mitternacht geöffnet, dazu gibt es viele Sonderangebote. Entsprechende Werbeplakate in den Shoppingcentern informieren hierüber.

man teure Sportwagen bewundern, hier befinden sich die Vertretungen von Ferrari, Maserati, Porsche und seit 2013 der erste Showroom von Rolls-Royce in Asien. Der Supermarkt im Untergeschoss bietet eine sehr gute Auswahl an Nahrungsmitteln, auch viele westliche. Außerdem gibt es zahlreiche Restaurants und mehrere Food Courts.

🏠15 [R9] **Terminal 21**, 288 Sukhumvit, zwischen Soi 19 und 21, 10–22 Uhr, www.terminal21.co.th, BTS: Asok. Bangkoks neustes Shoppingcenter, das mit Informationsdamen, die wie Stewardessen gekleidet sind, und Hinweisschildern wie „Sie erreichen nun Terminal 3", womit das Stockwerk gemeint ist, einen Flughafen-Terminal imitiert. Das bewusst „internationale" Ambiente wird unterstützt durch einen Londoner Doppeldeckerbus, das Modell eines Leuchtturms und andere „exotische" Tupfer. Das Warenangebot unterscheidet sich nicht von anderen Shoppingcentern, Terminal 21 hat aber einen Aspekt, in dem es im wahrsten Sinne des Wortes glänzt: die Toiletten. Diese muss man zumindest gesehen haben. Sie sind so luxuriös ausgestattet, dass sie fast an einen festlichen Ballsaal erinnern, verschwenderisch ausgestattet mit Kronleuchtern an der Decke und dazu Putzfrauen, die wie Zimmermädchen eines Luxushotels gekleidet sind. Von der BTS-Station Asok führt eine Verbindungsbrücke gleich ins Terminal 21 hinein.

Märkte und andere Shoppingbereiche

🏠16 **Asiatique The Riverfront**, 2194 Charoen Krung Rd., Yannawa, www.thai asiatique.com, tägl. 17–24 Uhr, Zone 5 (Geschäfte) 10–24 Uhr. Asiatique ist ein weitläufiges, aus renovierten Lagerhäusern bestehendes Areal am Chao-Phraya-Fluss und zwischen den Verkaufsständen mit Handwerksartikeln, Souvenirs, Kleidung, Schmuck, Möbeln, Wohnungsdekorationen und allerlei Tand finden sich zahlreiche schicke (teilweise auch überteuerte) Restaurants und Pubs (Zone 6 und 10). In Zone 4 befindet sich das Joe Louis Puppet Theatre, ein international preisgekröntes traditionelles Puppentheater (www.joelouistheatre. com). Eine weitere Attraktion ist das 60 m hohe Riesenrad (www.asiatique-sky.com, ca. 6 €, Kinder 4 €, „Privat"-Gondeln ab 25 €). Insgesamt ist Asiatique vielleicht die beste Neuattraktion der letzten Jahre in Bangkok. Wer Clarke Quay in Singapur kennt, wird sich vielleicht daran erinnert fühlen. Anfahrt mit der BTS bis zur Station Saphan Taksin, von wo kostenlose Zubringerboote weiter nach Asiatique fahren. Besonders an Wochenenden muss jedoch mit längeren Wartezeiten bzw. überladenen Booten gerechnet werden. Ansonsten Anfahrt per Taxi, an Wochenenden weigern sich manche Fahrer aber, hierher zu fahren, da es aufgrund des großen Besucherstroms zu massiven Staus kommt.

🏠17 **Chatuchak (Jatujak) Weekend Market**, Pahonyothin Rd./Kamphaeng Phet Rd., www.chatuchak.org, Sa./So. 7–18 Uhr, MRT: Kamphaeng Phet oder Suan Chatuchak, BTS: Mochit. Mit 15.000 Ständen gilt dieser Markt als **der größte Flohmarkt der Welt**. Verkauft werden Bücher, CDs, Möbel, Pflanzen, Haustiere, Handwerksartikel, Kuriositäten, Kräutermedizin, Haushaltswaren, buddhistische Amulette, Antiquitäten und alles, was irgendwo dazwischen liegt – im Grunde

Sehen und gesehen werden: Modeviertel Siam Square

O15bk Abb.: rk

Der Siam Square, also das Gebiet zwischen dem Paragon Shopping Center (s. S. 28) und der Chulalongkorn-Universität, gilt seit einigen Jahrzehnten als **das Modezentrum Bangkoks.** Maßgeblich beteiligt an diesem Ruf sind die **Studenten** der Universität - kurz genannt „Chula" -, an der viele Kinder privilegierter Mitbürger der Stadt studieren oder studiert haben. Spätestens am frühen Nachmittag wird Siam Square (Siam sprich „sayām", das zweite a lang) von den Studenten, aber auch von anderen jungen Leuten überflutet: Man trifft sich in einem der vielen Restaurants oder Cafés oder durchstöbert die zahllosen Boutiquen nach den neusten Modeaccessoires. In den Gassen von Siam Square befinden sich einige noble Modegeschäfte, aber auch Shoppingpassagen mit Geschäften oder Ständen, die sehr erschwingliche Textilien oder preiswerten Modeschmuck veräußern. Einer der Topläden ist „Issue" (266/10 Siam Sq. Soi 3, 11–20.30 Uhr) mit Damen- und Herrenmode, die auch international zu Ehren gekommen ist.

Die Platzmieten in diesem Viertel gehören zu den höchsten in Bangkok, da ist es kein Wunder, wenn Geschäfte ständig kommen und gehen. Siam Square ist **ständig im Wandel begriffen,** ebenso wie seine jungen Besucher, die in Windeseile von Trend zu Trend wechseln. Mal sind Zahnspangen in, dann vielleicht Schuhe mit Spitzen schmal wie Dolche, dann wieder schwarze japanische Kniestrümpfe. Etwa jedes zweite oder dritte weibliche Wesen trägt eine imitierte Louis-Vuitton-Handtasche - ein beinah obligatorisches Accessoire in Bangkok.

Besonders an Wochenenden zeigen sich viele **junge Leute von ihrer schrillsten Seite.** Bei Bangkoks Teenies ist japanische Mode und „J-Pop" (japanische Popmusik) besonders in, daher kleiden sich manche in Fantasiekostüme, die sie japanischen Manga-Comics abgeschaut haben. Bei den Kostümierungen ist allerlei Kreativität im Spiel, Mut zum Tragen der bizarren Kleider gehört sicher auch dazu.

Wenn man freitag- oder samstagabends den Siam Square durchwandert oder sich auf dem Vorplatz zwischen dem Paragon Shopping Center und dem Siam Center bzw. dem Vorplatz an der Südostecke des MBK Center niederlässt, ist es gut möglich, das man irgendein **verrücktes Teenie-Event** miterlebt - bei dem mit Sicherheit Mode und Musik im Mittelpunkt stehen.

einfach *alles*. Das Gedränge ist riesig und man verliert leicht die Orientierung. Vorsicht auch vor Taschendieben!

🔖**18** [D8] **Pak Klong Talaat,** Chakraphet Rd., westlich der Phra-Phutta-Yodfa-Brücke (Memorial Bridge, Saphan Phut), 24 Std. geöffnet (am besten nachts oder vor dem Morgengrauen). Einkaufsort oder Sehenswürdigkeit? Für Touristen vielleicht eher Letzteres. Wenn andere im Tiefschlaf liegen, geht es hier besonders quirlig zu, dann werden säckeweise Obst und Gemüse umgeschlagen, vor allem aber Blumen. Die Stände und Bürgersteige sind vollgepackt mit Blumen in allen Farben und Formen und in handlichen, hotelzimmerfreundlichen Sträußen abgepackt. Tagsüber, besonders nachmittags, ist der Dampf etwas raus, aber blumig ist das Ambiente dann noch immer.

🔖**19** [L11] **Patpong Night Market,** Patpong Soi 1, zwischen Silom Rd. und Suriwongse Rd., 18–1 Uhr, BTS: Sala Daeng, MRT: Silom. Gegen Sonnenuntergang werden in der Rotlichtmeile Patpong die Straßenstände aufgeklappt, die Mischung aus Basartrubel und schlüpfriger Barszene ist eine Sehenswürdigkeit für sich. Die kleine Gasse ist vollgestopft mit Verkaufsständen. Hier findet man T-Shirts, Handtaschen, Uhren, Raubkopie-CDs und -DVDs, Souvenirs u. v. a., das Gedränge ist groß. Die Verkäufer sind teilweise sehr aggressiv und die Waren stark überteuert. Man kann daher den zuerst angebotenen Preis zumindest auf die Hälfte herunterhandeln, wenn nicht gar auf ein Drittel.

🔖**20** [F8] **Sampeng Lane (Soi Wanit),** Chinatown, Geschäfte 8–18 Uhr geöffnet. Im 19. Jh. war diese Gasse eine berüchtigte Rotlichtmeile und zwischen den Bordellen versteckte sich so manche Opiumhöhle. Heute geht es hier ausschließlich um den legalen Warenverkauf – vielleicht abgesehen von einigen

eingeschmuggelten chinesischen Billigwaren. Veräußert werden Gold und Schmuck, Kleidung und Stoffe, billige chinesische Plastikwaren, Trockenfrüchte, Spielzeug, Haushaltsartikel und Schnickschnack jeder Art. Die Gasse ist eng und voll mit Menschen. Wenn sich dann noch ein mit Waren beladenes Motorrad hindurchzwängt, ist das Chaos perfekt.

🔖**21** [L8] **Siam Square,** ca. 10–20/22 Uhr, BTS: Siam. Siam Square ist Bangkoks hippes Modezentrum für Teenies und Studenten. In den Gassen des kleinen Viertels finden sich preiswerte und auch gehobene Boutiquen, außerdem überdachte Marktzeilen mit kleinen Läden für Kleidung und Modeaccessoires.

△ *Mönch zum Mitnehmen: die Figur eines „luang pho" (verehrter, spirituell fortgeschrittener Mönch) in der Bamrung Muang Road*

ⓜ**26** [O9] **Museum of Counterfeit Goods,** Tilleke & Gibbins Bldg., 64/1 Soi Ton Son, Ploenchit Rd., Zutritt nur nach Voranmeldung, www.tillekeandgibbins.com, Tel. 02 2637700. Thailand ist Herstellungsort und Umschlagplatz unzähliger Raubprodukte. In diesem kleinen, aber beachtlichen Museum werden echte und falsche Waren aus- und gegenübergestellt – ein netter Anschauungsunterricht zum Erkennen von Fälscherware.

Souvenirs und Kuriosa

🏠**22** [L8] **The Loft,** Siam Discovery Center, 3. St., 989 Rama 1 Rd., 10–21 Uhr, BTS: Siam. Beliebtes japanisches Geschäft mit vielen kuriosen Geschenkideen, merkwürdigen Objekten zur Zimmerausstattung, Spielzeugen, ungewöhnlichen Uhren, Schreibwaren usw. Das Angebot wechselt ständig, ungewöhnlich ist es aber immer.

❭ **Wat Ratchanatda** ⑱, ca. 10–18 Uhr. Auf dem Gelände dieses Tempels liegt einer der ältesten Märkte für buddhistische Amulette und sonstige Glücksbringer. Käufer mit Expertise nehmen die Amulette hier wortwörtlich unter die Lupe, bevor sie kaufen. Das Wissen um Amulette ist eine Kunst für sich und in Thailand gibt es eine Reihe von Zeitschriften, die sich alleine mit diesem Thema befassen. Nebenbei werden hier auch weniger komplexe religiöse Objekte verkauft.

❭ **Geschäfte für buddhistische Kultgegenstände in der Bamrung Muang Road** [G7], ca. 9–18 Uhr. Die Bamrung Muang Road beim Wat Suthat ⑫ ist traditionell jene Straße, in der buddhistische rituelle Objekte verkauft werden. Die Geschäfte liegen praktisch alle nebeneinander, westlich und östlich der „Giant Swing" ⑪. Zum Warenangebot gehören unter anderem die Bettelschalen der Mönche *(baat),* kleine Figuren hochverehrter Mönche, riesige Buddhafiguren, Kerzen und Weihrauch, Gongs in verschiedenen Größen, Mönchsroben und Mönchsfächer. Die hübschen bunten Fächer dienen heute mehr zur Dekoration als tatsächlich zum Luftzufächeln.

Kleidung

🏠**23** [I6] **Bobay (Bobae) Market,** ca. 10–18/19 Uhr. Preiswerte Kleidung en masse bietet dieser Markt, der sich in und um das Gebäude des Bobay Tower an der Krung Kasem Road angesiedelt hat. Die Qualität ist gut und die Preise sind niedrig, daher finden sich hier zahlreiche Großeinkäufer und Exporteure ein.

🏠**24** [E8] **Pahurat Market,** ca. 10–18/19 Uhr. Der sogenannte „indische Markt" Pahurat ist einer der wichtigsten Umschlagplätze für Textilien. Neben einer großen Auswahl an preiswerter „regulärer" Kleidung findet man hier auch Stoffe und Kleidungstücke aus Indien, z. B. Saris und Kurtas (indische Hemden). Die Geschäfte sind in dem Marktgewühl nicht leicht zu finden, am besten nimmt man einen der kleinen Zugänge von der Pahurat Road aus (gegenüber dem ChinaWorld Shopping Center).

🏠**25** [N7] **Pratunam Market,** ca. 10–20 Uhr. Bangkoks wichtigster Textilgroßmarkt liegt im Schatten des alles überragenden Baiyoke 2 Tower im Stadtteil Pratunam. Zahllose Straßenstände um den Tower herum – aber auch im Tower selber – bieten ein perfektes Wühlrevier für Leute, die sich mit preiswerter, aber modischer Kleidung eindecken wollen. Gute Qualität zu niedrigen Preisen! Thailändische Großeinkäufer finden sich vor allem am Mittwoch ein, weil dann die neuen Modelle hereinkommen.

27 [E9] **Saphan Phut Night Bazaar.** Preiswerter als hier geht es kaum! Der Saphan Phut Night Bazaar befindet sich unter der Brücke Saphan Phut nahe dem Stadtteil Pahurat. Gegen 19 Uhr beginnt der Verkauf an den Ständen, die extrem preiswerte Kleidung, CDs und DVDs, Haushaltgegenstände und vielerlei Krimskrams offerieren. Touristen verirren sich nur selten hierhin, die Kunden sind in erster Linie weniger wohlhabende Thais aus den umliegenden Vierteln.

Seide

28 [S9] **Almeta,** 20/3 Sukhumvit Soi 23, 10–20 Uhr, BTS: Asok, MRT: Sukhumvit. Perfekt maßgeschneiderte Hemden, Anzüge, Kleider oder Kimonos, zu denen 50.000 verschiedene Stoffe oder Muster zur Auswahl stehen – etwas für verwöhnte Geschmäcker.

29 [M11] **Jim Thompson Thai Silk,** 9 Suriwongse Rd., www.jimthompson. com, 9–21 Uhr, BTS: Sala Daeng, MRT: Silom. Das traditionsreiche Geschäft ist ein Garant für Qualität, dafür jedoch nicht ganz billig. Seidenwaren, Kleidung, Schals, Vorhänge, Kissenbezüge oder einfach Seidenstoffe als Meterware finden sich hier. Mit Zweigstellen in den Shoppingcentern Siam Paragon, Emporium, CentralWorld, Central Chitlom und Isetan.

Antiquitäten

30 [K11] **House of Chao,** 1/9 Decho Rd., 9–19 Uhr. Eine außergewöhnliche Sammlung von Antiquitäten, Figuren, Kuriosa, Möbeln, Uhren, Handwerksartikeln und Schmuck aus Thailand, Myanmar, Indien und China. Untergebracht ist das Sammelsurium in einem charmanten dreistöckigen Haus.

31 [H11] **Old Maps and Prints,** Room 432, River City Shopping Complex, 4. Stock, 23 Yotha Rd., www.classicmaps. com, Di.–So. 11–19 Uhr. Antike Landkarten, Nachdrucke und Bücher über Südostasien aus der Zeit bis etwa 1900, gesammelt mit viel Leidenschaft und Liebe von Jörg Kohler, dem deutschen Besitzer des Antiquariats.

Kunstobjekte

32 [K12] **H Gallery,** 201 Sathorn Rd. Soi 12, Mi.–Mo. 10–18 Uhr. Eine in einem romantischen, aus dem 19. Jahrhundert stammenden Haus angelegte, stilvolle Galerie mit Bildern, Fotografien oder Skulpturen zeitgenössischer asiatischer Künstler.

33 [N9] **Lotus Art de Vivre,** Four Seasons Hotel, 155 Ratchadamri Rd., 10–20 Uhr, BTS: Ratchadamri. Wunderbarer, origineller und kunstvoller Schmuck, dazu Accessoires, Einrichtungs- und Dekorationsgegenstände.

34 [H11] **River City Complex,** 23 Yotha Rd., www.rivercity.co.th, ca. 10–20 Uhr. Hier befinden sich zahlreiche Geschäfte, die wertvolle Kunstobjekte, Handwerksartikel und Antiquitäten feilbieten. Vorsicht: Nicht alle Antiquitäten sind echt.

Handwerksartikel

35 [L8] **Doi Tung Lifestyle,** Siam Discovery Center, 4. St., 989 Rama I. Rd., www.doitung.org, Mo.–Do. 11–20 Uhr, Fr.–So. 11–21 Uhr, BTS: Siam. Hochqualitative Handwerksartikel aus Nordthailand, Teppiche, Textilien und Steinwaren. Das Doi-Tung-Projekt wurde von der Mutter des thailändischen Königs begründet, um den Bergstämmen des Nordens eine alternative Einkommensquelle zum traditionellen Opiumanbau zu verschaffen.

36 [U10] **Sop Moei Arts,** Room 104 Racquet Club, Sukhumvit Soi 49/9 (Soi Amon), So.–Fr. 9.30–18 Uhr, BTS: Phrom Phong oder Thong Lo. Textilien, Seidenschals, Handtaschen und Einrichtungsgegenstände, alles aus Naturmaterialien hergestellt in einem Projekt, das von zwei Mitgliedern aus dem Volksstamm der Karen begründet wurde. Hohe Qualität, der Gewinn kommt Hilfsprojekten zugute.

Kameras und Zubehör

› **Foto File** im MBK Center (s. S. 25), 1. und 3. Stock, 11–21 Uhr. Zuverlässiges Geschäft mit sehr günstigen Preisen, großer Auswahl und sachkundigem Personal. Ein wenig Handeln ist möglich. Kleinere Reparaturen werden rasch erledigt.

Bücher und Zeitschriften

37 [U11] **Dasa Book Café,** 710/4 Sukhumvit (zwischen Soi 26 und 28), www.dasabookcafe.com, 10–20 Uhr, BTS: Phrom Phong. Gut organisierter und bestückter Secondhandladen, mit Onlinedatenbank und einem Café.

38 [T10] **Elite Book House,** 593/5 Sukhumvit (zwischen Soi 33 und 35), 10–20 Uhr, www.eliteusedbook.com, BTS: Phrom Phong. Gut bestückter Laden für gebrauchte Bücher, Landkarten u. Ä., schräg gegenüber dem Emporium Shopping Center gelegen.

› **Kinokuniya,** Zweigstellen im Siam Paragon (s. S. 28), 3. St., und Emporium Shopping Center (s. S. 25), 3. St. Bangkoks beste Buchladenkette mit großer Auswahl an englischen Büchern und Zeitschriften. Der Filiale im Siam Paragon ist ein kleines Café angeschlossen.

39 [M11] **Merman Books,** Silom Ctr., Silom Rd., 4. St., 10–22 Uhr, BTS: Sala Daeng, MRT: Silom. Hier findet man seltene alte Bücher und Zeitschriften, vor allem über Thailand.

CDs und DVDs (Originale)

› **B2S,** Filialen im CentralWorld (s. S. 25, 1.–3. St.) und Central Chitlom (s. S. 25, 5. St.), 10–22 Uhr. Gute Auswahl an CDs (Rock, Jazz, Klassik) und DVDs, CDs ab 8 €.

40 [L8] **Do Re Mi,** Siam Square Soi 3, 12–22 Uhr, BTS: Siam. Umfassende Sammlung von CDs: Rock, Pop, Jazz und Blues. Die ältere Dame, die den Laden seit drei Jahrzehnten betreibt, kennt sich gut aus. CDs ab ca. 7 €.

› **Mae Mai Pleng Thai** im MBK Center (s. S. 25), Erdgeschoss (im mittleren Bereich nahe dem Info-Schalter, nur in Thai ausgeschildert), www.maemaiplengthai.com. Eine Fundgrube für Freunde alter thailändischer „Schlagermusik", CDs und Kassetten mit Hits selbst aus den 1950er- oder 1960er-Jahren. Alleine die schwülstigen Cover sind schon einen Blick wert.

Medikamente und Heilkräuter

41 [F8] **Chakraphet Pharmacy,** Chakraphet Road., Pahurat (gegenüber India Emporium), 10–18 Uhr. In keiner Apotheke Thailands ist der Andrang größer als hier: Die Kunden in der Chakraphet Pharmacy sind so zahlreich, dass man sich an einem Automaten erst eine Wartenummer ziehen muss. Manchmal ist der Laden derart voll, dass die Wartenden draußen auf Sitzbänken Platz nehmen. Die Medikamente sind erheblich preiswerter als anderswo, auch solche, die offiziell rezeptpflichtig sind. Der chinesischstämmige Besitzer kennt sich gut in Sachen Medizin aus und kann im Notfall beratend zur Seite stehen.

Alles und noch mehr

› Ein Marktplatz der besonderen Art ist die **Backpacker-Meile Khao San Road** [D/E5]. An beiden Seiten der Straße drängen sich unzählige Stände, die ein wundersames Sammelsurium von Waren feilbieten. Es gibt Raub-CDs und -DVDs, gefälschte Journalisten- oder Studen-

▷ *Speisekarte unnötig: ein Hühnchenröster in Chinatown legt sein gesamtes Speiseangebot aus* tenausweise (die erstaunlicherweise in Sichtweite der Polizeistation verkauft werden), Kleidung, Souvenirs, billigen Modeschmuck, Secondhandbücher und jedwedes Travellerzubehör. Nebenbei kann man sich von indischen Wahrsagern die Zukunft prophezeien oder von Guppys in kleinen Wassertanks die toten Hautzellen von den Füßen wegknabbern lassen. Auch wenn das nicht jedem zusagt, allein das schräge Ambiente der Straße ist einen Besuch wert (Verkauf ca. 9–24 Uhr).

🔒42 [G8] **Talaat Fai Chai („Taschenlampenmarkt")/Klong Thom Market**, bei Klong Thom Center, Worachak Rd., Chinatown, Mo.–Fr. 8–17 Uhr, Sa./So. 8–15 Uhr. Der ursprüngliche Name rührt daher, dass dieser Straßenmarkt in seinen Anfangszeiten nur von den Taschenlampen der Händler ausgeleuchtet wurde. Wahrscheinlich handelte man auch nicht immer mit legaler Ware. Heute ist es kaum anders: Auf diesem „Räubermarkt" findet man Raubkopien, billige Elektronikwaren und Spielzeuge, elektronischen Schnickschnack aus China, Autoteile und Zubehör u. v. m.

> **Gastro- und Nightlife-Areale**
> Bläulich hervorgehobene Bereiche in den Karten kennzeichnen Gebiete mit einem dichten Angebot an Restaurants, Bars, Klubs, Discos etc.

Tische hochgeklappt haben, so gibt es noch einige Essenslokale, die 24 Stunden geöffnet haben. Neben der thailändischen Küche, die oft als eine der besten der Welt bezeichnet wird, bieten zahllose Restaurants mit internationaler Cuisine ihre Kreationen an. Ja, auch Sauerkraut und Bratwurst kann man bekommen, ebenso wie Pasta oder Sushi.

Die **thailändische Küche** lockt mit einer riesigen Auswahl an Gerichten. Die vier Hauptregionen des Landes – Zentral-, Nord-, Nordost- und Südthailand – warten mit zahlreichen regionalen Spezialitäten auf. Jede Beschreibung der thailändischen Küche kann somit nur an der Oberfläche kratzen. Merken Sie sich die Worte *kaeng (käng)* für ein schar-

Bangkok für Genießer

Kulinarische Szene

In Bangkok findet sich Essbares auf Schritt und Tritt, **die ganze Stadt scheint eine einzige Garküche zu sein.** Es gibt Zigtausende von preiswerten Essensständen an den Straßen und Tausende von Restaurants in allen Preislagen. Eine Mahlzeit an einem Essensstand kostet selten mehr als 1 €, in Restaurants können es je nach Standard ein paar oder aber Dutzende von Euro sein.

Wenn spät in der Nacht die Straßenstände tatsächlich einmal ihre

017bk Abb.: rk

Die wichtigsten Speisen

> **Kaeng phet gai** – scharfes Hühnercurry
> **Kaeng som** – säuerliches Gemüse- oder Fischcurry
> **Kaeng nuea** – Rindfleischcurry
> **Kaeng panaeng** – mildes Hühner- oder Rindfleischcurry
> **Kaeng sapparot** – scharfes Ananas- curry mit Schweinefleisch
> **Khao phat** – gebratener Reis mit Gemüse und/oder Fleisch
> **Khao phat mu** – gebratener Reis mit Schweinefleisch
> **Khao man gai** – Reis mit Huhn
> **Khao niau** – „klebriger Reis", stark glutenhaltiger Reis, der mit Fleisch oder Som Tam (s. u.) gegessen wird
> **Kuay-tiau naam** – Gemüse- oder Fleischsuppe mit Reisnudeln
> **Gai yaang** – geröstetes Hühnerfleisch am Spieß
> **Gai phat king** – gebratenes Huhn mit Ingwer
> **Phet yaang** – geröstetes Entenfleisch am Spieß
> **Som tam** – scharfer Papaya-Salat
> **Plaa tort** – gebratener Fisch

Der **kulinarische Tagesverlauf** eines Bangkokers kann je nach sozialem Hintergrund sehr unterschiedlich aussehen. Ein Frühstück kann bei „westlichen" oder „modernen" Bewohnern aus Toast und Spiegelei bestehen, bei einem chinesischstämmigen Thai hingegen aus *jok,* einer Reisgrütze, und bei einem Arbeiter aus dem Nordosten aus dem magenfüllenden „klebrigen Reis" *khao niau* mit etwas Hühnerfleisch.

Die weiteren Mahlzeiten enthalten dann sicherlich ein **Curry**, denn kaum ein Thai kommt lange ohne scharf gewürzte Speisen aus. Viele Zuzügler aus dem Nordosten können nicht auf ihren geliebten Papaya-Salat *som tam* verzichten, dessen sie nie überdrüssig zu werden scheinen. Da die meisten Thai-Speisen sehr leicht und oft auch bescheiden portioniert sind, verzehren viele Thais mehr als drei Mahlzeiten am Tag. Die meisten Mahlzeiten beinhalten in irgendeiner Form **Reis**, denn ohne Reis gilt eine Hauptmahlzeit als unvollständig, als nicht sättigend.

Beim Essen in einfacheren Restaurants werden oft **Essstäbchen** gereicht, **Löffel und Gabel** liegen aber ebenfalls parat. Niemand wird schräg angeschaut, nur weil er/sie mit dem ihm vertrauten „Werkzeug" zur Sache geht. In gehobenen Restaurants wird man gleich Löffel und Gabel reichen, Essstäbchen vielleicht nur auf Wunsch. In internationalen Restaurants gibt es praktisch keine Stäbchen, es sei denn es werden auch thailändische oder chinesische Gerichte serviert.

fes Currygericht, *kuay-tiau* für Nudeln und *khao* für Reis – diese Worte sind häufig Teil der Gerichtenamen. Auch die Worte *kor mai phet* („bitte nicht so scharf") sollte man sich einprägen. Die thailändische Küche geizt nicht mit Chili, Ingwer und anderen Scharfmachern, es ist **eine der schärfsten Küchen der Welt**. Wenn man stark gewürzte Speisen nicht gewohnt ist, sollte man zu Anfang des Aufenthalts vorsichtig an die Mahlzeiten herangehen – ansonsten wird man ein paar Stunden nach dem Essen durch quälende Darmaktivität „bestraft".

▷ *Je kälter, desto besser: Thais mögen ihre Drinks fast tiefgefroren*

Eine der großen kulinarischen und gesunden Freuden in Thailand ist das **preiswerte Obst**, das es an jeder Straßenecke zu kaufen gibt. Obstsorten wie Ananas, Papaya, Guave oder Wassermelone werden oft eisgekühlt von Handkarren aus verkauft, dabei ist das Obst gleich in mundgerechte Portionen zugeschnitten, eine Portion kostet nur 10 Cent. Die **Hygiene** der Speisen ist in der Regel gewährleistet. Generell braucht man sich beim Essen in Thailand – und vor allem in Bangkok – diesbezüglich keine Sorgen zu machen. Es ist wahrscheinlicher, dass man sich durch ungewohnt scharfe Speisen eine Darmverstimmung zuzieht als durch bösartige Bakterien. Die Essenszubereitung in Thailand ist hygienischer als in vielen anderen – oft ärmeren – asiatischen Ländern.

0610k Abb.: rk

Getränke

Das wichtigste Getränk ist zweifellos das **Wasser**. Wasser wird meist sehr kalt getrunken. **Thais lieben eiskalte Getränke** und selbst dem Bier und dem Rotwein werden oft Eiswürfel beigegeben – dass dies bei Westlern Ärgernis oder Kopfschütteln hervorruft, können die meisten Thais nicht nachvollziehen.

In manchen kleinen Restaurants wird kostenlos dünner, ungesüßter chinesischer **Tee** gereicht. **Softdrinks** sind weitverbreitet, dazu sehr süße thailändische Limonaden, das sogenannte *naam daeng*, „rotes Wasser". Für viele Menschen gehört auch **Kaffee** zum Alltag. Dieser wird manchmal nicht heiß, sondern in gekühlten, in Dosen abgefüllten Fertigmischungen getrunken. Viertelliterdosen der Marke „Birdy" oder ähnliche Produkte bringen so manchen schläfrigen Büroangestellten oder Taxifahrer wieder auf Vordermann. Ebenso beliebt – vor allem in der Unterschicht – sind Energy-Drinks wie „Kratin Daeng" („Red Bull") oder „M150".

Beim **Alkohol** hält man sich vor allem ans Bier oder an thailändische „Whisky"-Marken wie „Saeng Thip". In der Unterschicht trinkt man

Bitte beachten:
Zeiten mit Alkoholsperre!
Aufgrund eines seltsamen Gesetzes darf in der Zeit vor 11 Uhr als auch zwischen 14 und 17 Uhr in Geschäften kein Alkohol verkauft werden. Mit dem Gesetz sollen Schüler daran gehindert werden, sich vor oder nach der Schule Alkohol zu verschaffen. Absurderweise gilt diese Regel nicht für Großmengen – ab 10 Liter Alkohol darf verkauft werden. Offenbar sind die Gesetzgeber davon ausgegangen, dass sich Schüler derartige Mengen nicht leisten können. Kleine „Tanta-Emma-Läden" unterlaufen die Alkoholsperre oft, nicht aber Supermärkte oder 7-Eleven-Geschäfte. Deren Kassen sind so programmiert, dass sie zu den besagten Zeiten keine alkoholischen Waren abscannen können. Alkohol darf auch nicht an religiösen Feiertagen und an Wahltagen verkauft werden, im letzteren Fall beginnt das Verbot schon am Vorabend.

019bk Abb.: rk

gerne billigen Reisschnaps, den *lao khao,* oder *lao dong,* ein Reisschnaps, dem Kräuter beigemischt sind. Ausländischer Whisky, vor allem der relativ teure „Black Label", gilt als Statussymbol. Wein wird nur von einigen sehr westlich orientierten und wohlhabenden Thais getrunken – den meisten Thais schmeckt er nicht und warum soll man für ein Getränk mit lumpigen 13 Vol.-% Alkohol so viel Geld ausgeben, wenn eine kleine, aber potente Flasche Thai-Whisky doch so viel mehr Wirkung zeigt? Außerdem passen Wein und thailändisches Essen nicht sonderlich gut zusammen, am ehesten

eignet sich noch Weißwein zu den scharfen Thai-Speisen.

Der Genuss von Alkohol ist weitverbreitet, außer bei den relativ wenigen Moslems unterliegt er keinem Tabu. Einige strenggläubige Buddhisten verzichten in der dreimonatigen buddhistischen Fastenperiode *phansa* (etwa Juli bis Oktober) auf Alkohol.

Preise, Trinkgeld, Rauchen

Die **Preisunterschiede** beim Essen können je nach Art des Lokals erheblich sein. An Straßenständen oder in sehr einfachen Restaurants kosten die meisten Gerichte höchstens 1,20 €, in Restaurants des mittleren Bereichs können daraus 2 bis 3 € werden und in Restaurants der Oberklasse oder in vielen westlichen Restaurants kosten Gerichte ab 4 oder 5 €. Insgesamt kommt man aber viel preiswerter davon als in westeuropäischen Restaurants.

⌂ *An heiligen Bäumen werden oft Getränke „geopfert", in diesem Fall aber sind die Dosen leer. Spendenbetrug? Oder einfach Müllablage? Rätselhaftes Asien.*

Straßenstände – wie gut und sauber sind sie?

Allgemein sind die hygienischen Verhältnisse in Thailand besser als in den meisten anderen südostasiatischen Ländern. Die meisten Straßenstände sind sauber und man kann *relativ* unbesorgt dort essen. Es ist ratsam, sicherheitshalber einen Blick auf den Rand des Geschehens zu werfen: dorthin, wo das Geschirr gewaschen wird. Manchmal werden die Teller nur kurz in einen Eimer mit schmutzig-braunem Wasser getaucht und flugs wieder hervorgeholt – dann sollte man weitergehen. Andernorts wird das Geschirr mit Wasser aus Plastikschläuchen abgespritzt und gescheuert, was schon eher Vertrauen schafft. Zudem sollte man darauf achten, ob sich die Stände an einer verkehrsreichen Straße befinden und ob die Essensbehälter abgedeckt sind: Schwermetalle von Fahrzeuggasen sind keine gesunde Essensbeigabe.

Was die Qualität anbetrifft, so sind viele Essensstände ebenso gut (wenn nicht gar besser) wie so manch teures Restaurant. Die meisten Stände haben keine Speisekarte, dann sollte man **vorher nach dem Preis fragen**, um böse Überraschungen zu vermeiden. Besonders auf Seafood-Märkten, wo der Preis nach dem Gewicht der Meeresfrüchte berechnet wird, neigen die Verkäufer beim Erscheinen ausländischer Gäste zum fröhlichen Multiplizieren.

Sehr teuer ist Wein, auf dessen Import hohe Zölle erhoben werden. Ein Glas (mäßigen) Hausweins kostet ca. 5 bis 8 €, eine Flasche des besseren Tropfens ab 30 €. Zwar wird auch in Thailand mittlerweile Wein produziert (z. B. Chateau de Loei, Monsoon Valley, P.B. Valley), das Ergebnis ist bisher jedoch nicht überzeugend. Bier, das in Thailand hergestellt wird (auch internationale Marken wie Hei-

neken, Carlsberg, Federbräu, San Miguel u. a.), ist dagegen relativ preiswert und ohne Tadel. Eine Drittelliterflasche kostet ca. 1,25 bis 2,50 €.

Bleibt noch die **Frage des Trinkgelds:** An einfachen Straßenständen wird in der Regel kein Trinkgeld gegeben, ebenfalls nicht in sehr einfachen Restaurants oder in westlichen Fast-Food-Läden mit Selbstbedienung. In gehobenen Restaurants wird meist automatisch eine zehnprozentige „Service Charge" erhoben – falls nicht, sollte man selber etwa einen solchen Betrag Trinkgeld spendieren. Ein durchschnittlicher Kellner oder eine Kellnerin in Bangkok bezieht ein Grundgehalt von nur 100 bis 120 € pro Monat.

In allen Restaurants, ebenso auf Märkten, ist das **Rauchen untersagt.** Das gilt auch für Open-Air-Restaurants, es sei denn, sie verfügen über eine separate Raucherzone.

Empfehlenswerte Lokale

Thailändisch

43 [S9] **Baan Khanitha** €€€, 36/1 Soi 23, Sukhumvit, BTS: Asok, Tel. 02 2584181, www.baan-khanitha.com, 11–14 u. 18–23 Uhr. Hochklassige traditionelle Thai-Cuisine in gediegenem Ambiente. Eines der Hausrezepte sind Garnelen in Tamarindensoße, dazu gibt es viele weitere Meeresfrüchte-, Huhn- und Entengerichte wie auch verschiedene *yam*, scharfe thailändische Salate. Eine Filiale befindet sich in 69 South Sathorn Road, dieser ist auch eine Kunstgalerie angeschlossen, die ausgestellten Objekte können hier auch käuflich erworben werden.

44 [J13] **Blue Elephant** €€€, 233 South Sathorn Rd., BTS: Surasak, Tel. 02 6739353, www.blueelephant.com/ bangkok, 11.30–14.30 u. 18.30–

22.30 Uhr. Dieses beliebte Restaurant ist in einem romantisch-alten, wunderschön renovierten Haus im Kolonialstil untergebracht und kredenzt die sogenannte „Könglich-Thailändische Küche" – Gerichte, die in früheren Jahrhunderten für den thailändischen Königshof entwickelt wurden. Dazu gibt es Gerichte aus allen Regionen des Landes. Der Erfolg des Restaurants hat weltweit zahlreiche Zweigstellen entstehen lassen. Hohe Preislage (mind. 30 € p. Pers.), nachlässig gekleidete Gäste sind hier unerwünscht.

45 [R9] **Cabbages and Condoms** €€, 10 Sukhumvit Soi 12, BTS: Nana, Tel. 02 2294611, www.pda.or.th/restaurant, 11–23 Uhr. Der merkwürdige Name rührt daher, dass das Restaurant von einer Organisation betrieben wird, die sich der Förderung von Safer Sex und Geburtenkontrolle verschrieben hat. Die thailändischen Gerichte sind gesund und sehr lecker und das Restaurant ist nett gelegen.

250 [I11] **Harmonique** €€€, 22 Charoen Krung Rd., Soi 34, Tel. 02 2378175, 11–23 Uhr. Leckere thailändische Küche – darunter sehr gute Meeresfrüchte – in einem über 70 Jahre alten umgebauten chinesischen Wohnhaus mit wunderbaren alten Möbeln, Antiquitäten und vielen Zierpflanzen. Das Ambiente ist so toll wie die Speisen, die aber oft milder gewürzt sind als anderswo. Viele der Gäste sind Ausländer. Insgesamt ein wunderbarer Ort für ein romantisches Abendessen. An Wochenenden sind Tischbuchungen ratsam.

Arabisch

46 [Q8] **Al-Hussain** €€, 75/7 Sukhumvit Soi 3/1, Tel. 02 2520240, BTS: Nana, 11–24 Uhr. Mitten in Bangkoks „Little Arabia" gelegenes Lokal mit preiswerter und sehr guter arabischer Küche. Freunde von Hummus und Falafel kommen

voll auf ihre Kosten. Dazu stehen einige indische und pakistanische Gerichte auf der Speisekarte, z. B. leckere *Karela*, eine Art bittere kleine Melone. Das Restaurant ist blitzsauber, draußen kann die Shisha geraucht werden, die arabische Wasserpfeife. Kein Alkoholausschank. In derselben kleinen Gasse befinden sich zahlreiche weitere arabische Restaurants, die alle leicht unterschiedliche Küchen bieten: ägyptisch, libanesisch, syrisch oder jordanisch.

Chinesisch

47 [P12] **Chandrphen Restaurant** €€, 1030/1 Rama IV. Rd., BTS: Sala Daeng, MRT: Silom, Tel. 2871535, 11–14 u. 18–22 Uhr. Unter ausländischen Besuchern beinah gänzlich unbekanntes, aber ausgezeichnetes chinesisches Restaurant nahe dem Lumpini Park, sehr beliebt bei chinesischstämmigen Thais. Besonders begehrt sind Fish Cakes und Hühnergerichte, aber auch die Speisen mit Meeresfrüchten fallen sehr appetitlich aus.

48 [G8] **Siang Ping Loh** €€€, Grand China Princess Hotel, 8. St., 215 Yaowarat Rd., Chinatown, Tel. 02 2249977, www.grandchina.com, 11–14.30 und 18–22.30 Uhr. Traditionelle Szechuan- und Kanton-Speisen, perfekt zubereitet und serviert in gediegener Atmosphäre acht Stockwerke hoch über dem Trubel von Chinatown. Hervorragend für ein Mittagessen während eines Rundgangs durch das Viertel geeignet, vielleicht mit *Dim Sum* – chinesische Knödel mit Fleisch- oder Gemüsefüllung. Im Obergeschoss des Hotels lockt außerdem das sich drehende **Club Lounge Revolving Restaurant** mit internationaler Küche und Cocktails, abends Livemusik (11–1 Uhr).

Deutsch

49 [S10] **Bei Otto** €€, 1 Sukhumvit Soi 20, Tel. 02 600869, www.beiotto.com. Das 1974 von dem Schwarzwälder Koch

Otto Duffner gegründete Restaurant ist ein Klassiker in der Bangkoker Restaurantszene und Garant für Qualität. Selbst Thais probieren hier gerne Sauerkraut, Bratwürste und Stampfkartoffeln. Angeschlossen sind eine Bier- und Weinstube, eine Bäckerei, ein Metzger- sowie ein Delikatessenladen. Am Wochenende kann man am Fernsehschirm die Spiele der Bundesliga verfolgen. Nach 29 Jahren Pionierarbeit in Sachen deutscher Küche in Bangkok hat sich Otto Duffner 2013 zur Ruhe gesetzt. Das Restaurant wird heute aber bei gleicher Qualität von einem anderen deutschen Team geleitet.

50 [012] **Ratsstube** €€, 18/1 Soi Goethe, South Sathorn Rd. Soi 1, MRT: Lumpini, Tel. 02 6797274, 11–14 u. 15–22 Uhr. Dem Goethe-Institut angeschlossenes Restaurant, gemütlich eingerichtet und mit hervorragendem deutschen Essen sowie Bier, dabei alles zu mäßigen Preisen. Hier essen auch viele Thais gerne.

51 **Tawandang German Brewery** €€, 462/61 Rama 3 Rd., Tel. 02 6781114, www.tawandang.co.th, 16–24 Uhr. Frisches, an Ort und Stelle von einem deutschen Braumeister gebrautes Bier, dazu Liveunterhaltung von mehreren Bands pro Abend und ein grundsolides, teutonisches Speiseprogramm bilden das Aushängeschild des Lokals. Selbst den Thais gefällt es und viele kommen, um sich an Schweinshaxen zu laben: *Kaa-muu* („Schweinefüße") sind das bekannteste und beliebteste deutsche Gericht in Bangkok. Der Erfolg der Brauerei ist auch der Hausband „Fong Naam" zu verdanken, die eine fulminante Mischung aus thailändischer und westlicher Musik zum Besten gibt. Der große Saal hat Platz für 1800 Gäste, dennoch sind Vorbuchungen ratsam, vor allem am Wochenende. Eine Zweigstelle befindet sich in der Ram Indra Rd. (Tel. 02 9445131/3).

Preiskategorien Restaurants

Preis pro Person für mehrere Gänge inkl. Softdrinks/Bier (ohne teure Getränke wie Wein):

€	bis 5 €
€€	5–15 €
€€€	15–30 €,
	ggf. mehr, dann mit
	zusätzlicher Angabe

Französisch

52 [M11] **Aubergine** €€€, 71/1 Soi Sala Daeng 1/1, BTS: Sala Daeng, MRT: Silom, Tel. 02 2342226, www.auber gine.in.th, Mo.–Fr. 11.30–14.30 u. 18.30–22.30 Uhr, Sa./So. 12–15 u. 18–22.30 Uhr. Das Lokal kredenzt ausgezeichnete französische Küche in einer stattlichen Villa, die einst von einem französischen Botschafter bewohnt wurde, samt Sitzgelegenheiten in einem hübschen Garten. Mit umfangreicher Weinkarte, hohe Preislage (ab 30 € p. P.).

Indisch

53 [T10] **Himali Cha Cha** €€, Sukhumvit Soi 31, BTS: Asok oder Phrom Phong, MRT: Sukhumvit, Tel. 02 2596677, www.himalichacha.com, 11–14 u. 18–23 Uhr. Sehr gemütlich eingerichtetes Lokal mit ausgezeichneter Küche. Der mittlerweile verstorbene Gründer kochte einst für Nehru (1. Ministerpräsident Indiens) und den indischen Vize-König Lord Mountbatten. Sehr beliebt sind die Hühnercurrys, aber auch vegetarische Gerichte wie z. B. *Palak Paneer* (Brocken indischen Käses in gut gewürztem Spinat) fallen überdurchschnittlich gut aus. Zweigstellen finden sich in Soi Convent, Silom Rd., in Charoen Krung Rd. Soi

021bk Abb.: rk

47/1 und in Sukhumvit Ecke Soi 3. Dieses Haus hier ist aber das gemütlichste.

54 [I11] **Indian Hut** €€, 418 Suriwongse Rd., Tel. 02 2365672/3, www.indian hut-bangkok.com, 11–23 Uhr. Konservativ, aber stilvoll eingerichtetes indisches Restaurant, eines der besten Bangkoks. Neben indischen Klassikern wie *Biriyani* (Reismischung mit Gemüse oder Fleisch) und *Chicken Tikka* (mariniertes und im Ofen gebackenes Hühnerfleisch) werden auch einige ungewöhnlichere Gerichte serviert. Das *Paneer Pasanda* – Schichten indischen Käses, die mit Minzpaste bestrichen sind und in einer Tomatensoße serviert werden – ist einfach großartig.

55 [Q9] **Namuskaar Restaurant** €€, 9 Sukhumvit Soi 8, BTS: Nana, Tel. 02 2551869, tägl. 11–23 Uhr. Die meisten indischen Restaurants in Sukhumvit lassen Authentizität vermissen, Namuskaar hingegen serviert indische Küche so wie man sie auch im Ursprungsland bekommt. Es gibt leckere Fleisch- und vegetarische Gerichte. Man probiere

das goanesisch beeinflusste, oft feurigscharfe Chicken Vindaloo oder Paneer Butter-Masala, zarter indischer Käse in einer ebenso zarten Tomatensauce. Die Schärfe der Speisen wird auf Wunsch modifiziert. Einziger Nachteil: Das Ambiente ist schlich bis trist und einem Innenarchitekten böte sich hier so manche Gestaltungsmöglichkeit.

Italienisch

56 [T10] **Basilico** €€€, 8/1 Sukhumvit Soi 33, BTS: Phrom Phong, Tel. 02 6622323, Mo.–Do. 11.30–14.30 u. 18.30–23.30, Fr./Sa. 11.30–24, So. 11.30–23 Uhr. Großes, aus zwei Speiseräumen bestehendes Restaurant und eines der allerbesten für Pizzas und Pasta, dazu mit einem sehr aufmerksamen Service. Ein besonderer Genuss sind die Ravioli in cremiger Walnusssoße, viele Stammgäste schwören auf die Steaks. An Wochenenden sind Vorbuchungen ratsam. In Sukhumvit Soi 20 befindet sich eine Zweigstelle.

57 [Q8] **Limoncello** €€, 17 Sukhumvit Soi 11, BTS: Nana, Tel. 02 6510707, www. zanottigroup.com, 12–14 u. 18–23 Uhr. Vorzügliche Pastagerichte und Pizzas in einem gemütlichen kleinen Restaurant. Viele Mitglieder der thailändischen „High Society" speisen gerne hier und auch

◿ *Kulinarisches Rundumangebot: der immer gut besuchte Food Court des MBK (s. S. 25)*

die älteste Tochter des thailändischen Königs war schon zu Gast. Eine gut sortierte Weinkarte und professioneller Service runden das Bild ab. Das Restaurant liegt etwas versteckt ein paar Meter von Soi 11 zurückversetzt.

🔴**58** [I7] **Scoozi** €€, 174/3–4 Suriwongse Rd., BTS: Chong Nonsi oder Sala Daeng, Tel. 02 2674344, www.scoozipizza. com. Sehr gute Pizzas und Pastagerichte, dazu argentinische Steaks, Salate u. v. m. Das Haus betreibt Filialen in der Khao San Road (klein, begrenzte Speisekarte), in der Esplanade Shopping Mall, 99 Ratchadapisek Rd., und im Fenix Thonglor Bldg., Soi Thonglor (Thong Lo), Sukhumvit.

🔴**59** [M11] **Zanotti** €€€, 21/2 Sala Daeng Colonnade Condominium, Sala Daeng, Silom Rd., BTS: Sala Daeng, MRT: Silom, www.zanotti-ristorante.com, Tel. 02 6360002, 11.30–14 u. 18–22.30 Uhr. Das Zanotti gehört demselben Besitzer wie das Limoncello, es kredenzt italienische Feinschmeckerküche, dazu Gourmetpizzas. Die Weinkarte umfasst 600 zum Teil auserlesene Weine. Das großartige Essen und der gute Service haben Zanotti zum vielleicht bekanntesten italienischen Restaurant in Bangkok gemacht. Unter Tel. 1344 lassen sich Zanotti-Pizzas bestellen („Pizanotti").

Japanisch

🔴**60** [S10] **Koi** €€€, 26 Soi 20 Sukhumvit, BTS: Asok, MRT: Sukhumvit, Tel. 02 2581590, 11.30–14 und 18–22 Uhr. Eines der besten japanischen Restaurants der Stadt, u. a. mit sehr gutem Sushi und Sashimi. Die Gerichte haben allerdings auch einen leicht amerikanischen Einschlag, denn die Koi-Restaurantkette begann in den USA. Die Inneneinrichtung ist minimalistisch, glatt und modern, die Speisekarte umfangreich – ein guter Ort zum Essen, aber auch zum Sehen und Gesehenwerden. Das Res-

taurant ist folglich bei betuchteren Thais und in Bangkok lebenden Expats sehr beliebt (Reservierung ratsam).

Schweizerisch

🔴**61** [R9] **Grottino Swiss Restaurant & Bakery** €€, 9/10 Sukhumvit Soi 19, BTS: Asok, MRT: Sukhumvit, Tel. 02 2536024, www.grottino.com, 7–23 Uhr. Hunger auf Raclette oder Fondue? Im Grottino gibt es sie und noch viele Schweizer Gerichte mehr, dazu frische Backwaren. Zu dem sehr kleinen Restaurant gehört auch ein Gästehaus, Grottino Residence, mit komfortabelen Zimmern (ca. 40 €, preiswertere Monatsmieten). Das Haus liegt etwas versteckt in einer kleinen Gasse, die hinter dem Robinson Department Store von Soi 19 abzweigt – sehr zentral und dabei ruhig.

International/Fusion

🔴**62** [L12] **Eat Me** €€, Soi Phipat 2, Convent Rd., BTS: Sala Daeng, MRT: Silom, Tel. 02 2380931, www.eatmerestaurant. com, 15–1 Uhr. Eine köstliche Mischung aus mediterraner, westlicher und australischer Küche, präsentiert in dezentmodernem, aber relativ einfachem Ambiente. Die Weinkarte umfasst vor allem australische Weine, die in Thailand sehr beliebt sind. Insgesamt bekommt man im Eat Me für sein Geld reichlich Qualität.

🔴**63** [T11] **Greyhound Café** €€, Room 201, Emporium Shopping Ctr., 2.St., Sukhumvit, Ecke Soi 24, BTS: Phrom Phong, Tel. 02 6648663, www.greyhound.co.th, 11–22 Uhr. Modernes, schickes Restaurant mit kreativ-leckeren Versionen thailändischer und europäischer Gerichte oder Nouvelle Cuisine. Wechselnde Tagesmenüs.

🔴**64** [S10] **MahaNaga** €€€, 2 Sukhumvit Soi 29, BTS: Asok oder Phrom Phong, MRT: Sukhumvit, Tel. 02 6623060, www.mahanaga.com, 11.30–14.30 u. 17.30–24 Uhr. Die zwei unterschiedli-

chen, fantasievoll gestalteten Essens-
räume schmiegen sich um einen romantischen Innenhof, der Eingang ist abends
mit Kerzen beleuchtet – das Ambiente
alleine ist schon einen Besuch wert. Serviert wird eine exotische Mischung aus
thailändischer, westlicher und vorderasi-
atischer Küche, alles originell und von
höchster Qualität. Mit Bar.

🛑**65** [O10] **Neil's Tavern** €€€, 58/4 Soi
Ruam Rudee, Wireless Rd., BTS: Ploenchit, Tel. 02 2566874/6, Mo.–Sa.
11.30–13.45, dazu tgl. 17.30–22.30
Uhr. Bekannt für ausgezeichnete Steaks,
dazu viele schmackhafte Meeresfrüchte
und einige vegetarische Gerichte, alles
von höchster Qualität. Aufmerksamer
Service und gute Weinkarte. Mittags gibt
es eine Auswahl an relativ preiswerten
Lunch-Menüs (ca. 6–7 €). Angeschlossen ist eine Bäckerei.

🛑**66** [Q8] **Oskar Bistro** €€€, 24 Sukhumvit
Soi 11, BTS: Nana, Tel. 02 2553377,
www.oskar-bistro.com, 18–2 Uhr. Großartiges, schickes, modernes Bistro samt
Bar mit exzellenten französischen und
thailändisch Gerichten, dazu Pizzen,
Burger und Salate. Mit guter Weinkarte
und ausgezeichneten Cocktails, die von
einem preisgekrönten Barmixer kre-
iert werden. Abends ab 21 Uhr sorgt ein
DJ für den etwas lauten musikalischen
Hintergrund.

🛑**67** [I12] **Sirocco** €€€, The Dome at Lebua
State Tower, 1055 Silom Rd. nahe Ecke
Charoen Krung Rd., Tel. 02 6249555,
www.thedomebkk.com, 18–1 Uhr. Mit
einem High-Speed-Lift geht es hinauf
zum im 63. Stock des State Tower gelegenen Restaurant. Dies ist mehr als ein
reines Speiselokal – die Aussicht von
dem am Rand eines Glasturms angeleg-
ten Restaurant ist im wahrsten Sinne des
Wortes überragend, ein Erlebnis für sich.
Bangkok liegt von hier oben dem Gast
zu Füßen. Zu exquisiter, origineller mediterraner Küche gibt es Unterhaltung von

einer Jazzband. Die Preise sind hoch, ab
40 € p. P. Im Lebua State Tower befinden
sich noch zwei weitere ausgezeichnete
Restaurants, Mezzaluna und Breeze, das
Sirocco ist jedoch das beste.

🛑**68** [X8] **To Die For** €€, 998 Sukhumvit Soi
55 (Soi Thong Lo/Thonglor), BTS: Thong
Lo, www.todieforbangkok.com, Tel. 02
3814714, 11.30–24 Uhr. Angesagtes
Restaurant mit Bar und einer mediterran-
asiatischen Fusion-Cuisine. Moderne,
dabei geschmackvolle und gemütliche
Ausstattung, dazu ein Innenhof mit Liegen
und bequemen Kissen zum Chillen. Hier
kehrt „cooles", wohlbetuchtes Volk ein,
nachlässige Kleidung ist unerwünscht.
Der umgebende Stadtteil ist einer der teuersten und gefragtesten Bangkoks.

Vegetarisch

➋**69** [T6] **Anotai** €€, 976/17 Soi Phra Ram
9 Hospital, Rama 9 Rd., Huay Khwang,
Tel. 02 6415366, MRT: Phra Ram 9,
Do.–Di. 10–21 Uhr. Originelle vegetarische Thai-Speisen, liebevoll zubereitet aus organisch angebauten Gemüsen
und Kräutern. Vieles wird unter Verwen-
dung von Tofu hergestellt, dazu gibt es
sehr leckere Backwaren. Die Besitzerin,
Khun Anotai, ist passionierte Umwelt-
schützerin und hat die Kochkunst in der
„Le Cordon Bleu Academy" in London
erlernt.

➋**70** [S10] **Govinda** €€€, 6/5–6/6 Sukhumvit Soi 22, Tel. 02 6634970, BTS: Asoke
oder Phrom Phong, MRT: Sukhumvit,
Mi.–Mo. 11–15 u. 18–23 Uhr. Eines der
besten vegetarischen und zugleich auch
eines der besten italienischen Restaurants der Stadt mit seit Jahren unverän-
dert hohem Standard und entsprechend
vielen Stammgästen. Großartige Pizzas,
Pastagerichte und Überbackenes, am
Wochenende gibt es die Pizzas wahl-
weise auch aus gesundem Vollkornmehl.
Bei einigen Speisen wird „Imitations-
fleisch" aus Sojaprodukten verwendet.

Freitag- und samstagabends sind Vorbuchungen ratsam.

●71 [E5] **May Kaidee** €€, 33 Samsen Rd., Banglamphoo

●72 [E5] **May Kaidee** €€, 59 Ratchadamnoen Rd. (hinter „Burger King" am Ostende der Khao San Rd.),

●73 [E6] **May Kaidee** €€, 111 Ratchadamnoen Rd. (ca. 50 m weiter östlich der obigen Filiale), Tel. 091373173 (Handy), www.maykaidee.com, 8–20 Uhr. Eine Kette von preiswerten, aber sehr guten vegetarischen Restaurants, die nahe der Travellermeile Khao San Road liegen. Die Besitzerin hat sich unter Freunden vegetarischer Küche einen beinah legendären Namen erworben und bietet auch Kochkurse an.

› Ein super Wohnort für Freunde fleischloser Kost ist das **Atlanta Hotel** (s. S. 119), dessen Restaurant eine große Auswahl an vegetarischen Thai-Speisen bietet. Das Hotel im Retro-Look der 1950er-Jahre ist auch optisch ein Unikum.

› Die meisten **Restaurants in der Khao San Road** [D/E5] und **Rambutri Road** [E5] (Touristenviertel Banglamphoo) bieten vegetarische Gerichte – von Müsli bis Falafel oder Pasta.

› Wer weitere vegetarische Restaurants sucht, wird auf der **Website von „Happy Cow"** fündig: www.happycow.net/asia/thailand/bangkok.

Vegan

●74 [J12] **Bonita Cafe and Social Club** €€, 56/3 Pan St., Silom, BTS: Surasak, Tel. 02 6379541, www.facebook.com/bonita.c.sc, Mi.–Mo. 11–22 Uhr. Nicht nur Veganer kehren hier gerne ein: Das Essen ist köstlich, seien es die (natürlich veganen) Teriyaki-Burger, Paata-Gerichte oder Sandwiches. Dazu gibt es eine leckere Getränkeauswahl – diverse Säfte, Smoothies oder Kaffee mit Sojamilch – und das Besitzerpaar ist rührend um seine Gäste bemüht.

EXTRATIPP

Dinner/Breakfast for one

In den zahllosen Restaurants in der **Touristenstraße Khao San Road** [D/E5] wird niemand schief angesehen, der sein Dinner oder Frühstück alleine einnimmt. Wahrscheinlicher ist, dass man dabei Kontakt zu anderen Reisenden aufnehmen kann – falls man dies will.

Noch besser als die Khao San Road aber ist die ruhigere, fast **verkehrslose Soi Rambutri** [E5], eine Gasse hinter dem Tempel Wat Chanasongkhram nahe dem Westende der Khao San Road. Die Gasse bietet eine Menge Bohemeflair und die nach vorne offenen Restaurants eignen sich gut, um die bunte Travellerszene zu beobachten.

Cafés, Bäckereien und Eisdielen

●75 [L12] **Café Ice** €€, 44/2 Soi Phipat 2, Sathorn Soi 8, BTS: Chong Nonsi, Tel. 02 63637373, 11.30–14 u. 18–23 Uhr. Charmantes Café-Restaurant mit Terrasse. Neben ausgezeichneter thailändischer, mediterraner und Fusion-Küche auch Cocktails. Die Frühlingsrollen mit Krabbenfleisch sind ein Klassiker des Hauses. Die stilvolle Präsentation und die urig-gemütliche Einrichtung, unter anderem mit Kunstobjekten und Gemälden, bilden weitere Pluspunkte.

●76 [R10] **Crêpes & Co.** €€, 59/4 Langsuan, Soi 1, Ploenchit Rd., Tel. 02 6520208/9, www.crepesnco.com, Mo.–Sa. 9–23 Uhr, So. 8–23 Uhr. Etwa 60 Arten köstlicher Crêpes, dazu Eiscremes, Desserts, Tapas und Gerichte aus dem Mittelmeerraum, serviert im gemütlich gestalteten Speiseraum oder im angeschlossenen tropischen Garten. Eines der allerbesten Restaurants oder Cafés in diesem Teil der Stadt, bei in Bangkok lebenden Westlern sehr beliebt.

○ **77** [N8] **Erawan Tea Room** €€€, Hyatt Erawan Hotel, 2. St., 494 Ratchadamri Rd., BTS: Ratchadamri oder Chitlom, Tel. 02 2507777, www.erawanbangkok.com/tearoom.php, 10–22 Uhr. Leicht retroangehauchtes asiatisches Ambiente, dazu großartige thailändische Snacks und Gerichte, viele Kaffee- und Teesorten. Vom Café bietet sich ein guter Ausblick auf das Treiben am Erawan-Schrein ㊳ . Ein perfekter Ort für eine Pause zwischen den Besichtigungen oder Einkäufen.

○ **78** [M11] **Little Home Bakery** €€, Silom Complex, 191 Silom Rd., 10.30–20 Uhr, und

○ **79** [W9] **Little Home Bakery** €€, 413/10–12 Soi Thonglor (zwischen Soi 23 und 25), Sukhumvit, Mo.–Fr. 9–21 Uhr, Sa./So. 8–21 Uhr. Beliebt für seine fantastischen Pfannkuchen und Waffeln, außerdem gibt es Eiscreme und thailändische sowie westliche Mittagsgerichte.

○ **80** [M8] **Spice Story** €, 13C, Erdgeschoss, Siam Paragon, 991 Rama I. Rd., BTS: Siam, Tel. 02 6109242, 10–22 Uhr. Ungewöhnlicher kann Speiseeis kaum

sein: Die Eisvarianten sind alle exotisch gewürzt, u. a. mit Chili, Ingwer, Pfeffer, Zitronengras oder anderen Gewürzen. Das Ergebnis schmeckt besser als erwartet. Dazu werden gekühlte Kräutertees gereicht.

○ **81** [E5] **Starbucks Khao San Road** €, 204 Khao San Rd., Banglamphoo, Tel. 02 6295450, www.starbucks.co.th. Die amerikanische Starbucks-Kette betreibt etwa 70 Filialen in Bangkok und dies ist eine der gemütlichsten. Das Café befindet sich etwas zurückversetzt von der Straße in einem alten, wunderschön renovierten sino-portugiesischen Wohnhaus. Wenn sie nicht allesamt gerade besetzt sind, so kann man es sich auf dick gepolsterten Sesseln oder Sofas bequem machen.

❭ **The Oriental Shop** €€, Filialen in den Shoppingcentern Siam Paragon (s. S. 28), Erdgeschoss, CentralWorld Department Store (s. S. 25), Erdgeschoss, und Emporium Shopping Center (s. S. 25), 5 St., 10–22 Uhr. Die vom weltberühmten Oriental Hotel betriebene Cafékette überzeugt mit ausgezeichneten Backwaren, Schokoladen, Pralinen und Eiscremes. Der Käsekuchen mit Blaubeeren ist sensationell! Außerdem Weinverkauf und -ausschank.

○ **82** [N8] **The Tea Room** €, CentralWorld Shopping Ctr., Ratchadamri Rd., 2. St., BTS: Siam oder Chitlom, Tel. 02 26351111, 10–22 Uhr. Ein wunderbar gemütliches Café mit diskret abgedunkeltem Licht, dunklen Holzmöbeln und einer guten Auswahl an Kaffee, Tee und Gebäck. Der ideale Ort zum Entspannen während eines Einkaufsbummels in der

◁ *Starbucks ist in den zentralen Shoppingzonen überall anzutreffen*

▷ *Thailändische Süßspeisen sind auch optisch kleine Kunstwerke*

022bk Abb.: rk

Traditionelle Süßigkeiten

Im Zuge der „Verwestlichung" Thailands sind in den letzten Jahrzehnten zahlreiche traditionelle Rezepte in Vergessenheit geraten, das gilt auch für thailändische Süßspeisen. Viele Thais kaufen sich heute eher im 7-Eleven-Laden eine Tüte Bonbons, als auf die traditionellen – und oft gesünderen – einheimischen Süßspeisen zurückzugreifen. Diesem Trend trotzt das kleine Shoppingcenter **Old Siam Plaza** an der Pahurat Road im Stadtteil Pahurat: Im Erdgeschoss finden sich einige Dutzend kleine Stände, an denen viele der althergebrachten Süßspeisen verkauft werden. Die kleinen Leckereien bestehen aus Palmzucker, Melasse, Kokosnuss, Reismehl und vielen anderen natürlichen Zutaten – wunderbar bunt sind sie obendrein. Einige der Süßigkeiten, die Ei oder Eiweiß enthalten, wurden in früheren Jahrhunderten von seefahrenden Portugiesen übernommen und für thailändische Gaumen modifiziert. Verpackt werden die appetitlichen Kleinode in kunstvolle Gebilde aus Bananenblättern (Verkauf ca. 10–17/18 Uhr).

🏠85 [E8] **Old Siam Plaza**, Pahurat Road

Gegend. The Tea Room liegt gleich links, wenn man das CentralWorld von der vom Skywalk (s. S. 26) ausgehenden westlichen Verbindungsbrücke betritt.

Weinbars

🔴83 [P9] **Bacchus Wine Bar** €€€, 20/6-7 Soi Ruam Rudee, Ploenchit Rd., BTS: Ploenchit, www.bacchus-winebar.com, Tel. 02 6508986, 11–14.10 u. 15–1 Uhr. Elegante, über vier Stockwerke ausge-dehnte Wein- und Champagnerbar mit guter Auswahl an Pasta- und Fleischgerichten oder Salaten. Der 4. Stock weist einen besonderen Clou auf: Er bietet bequeme Liegen, von denen aus man durch ein Glasdach auf Himmel und Stadt blicken kann.

🔴84 [N8] **Bar @ 494** €€€, Hyatt Erawan Hotel, 494 Ratchadamri Rd., BTS: Ratchadamri oder Chitlom, Tel. 02 22541232, www.bangkok.grand.hyatt. com, 12–24 Uhr. Gepflegte Wein- und

Champagnerbar mit 30 Weinen im offenen Ausschank und einigen weiteren Dutzend, die nur pro Flasche veräußert werden. In einem angeschlossenen Rauchsalon kann man sich an erlesenen kubanischen Zigarren versuchen.

●86 [K11] **V9 Wine Bar & Restaurant** €€€, Hotel Sofitel Silom, 188 Silom Rd., BTS: Chong Nonsi, 17–2 Uhr. Die Lage im 37. Stock des Hotels garantiert einen faszinierende Ausblick über die Hochhauslandschaft von Zentral-Bangkok. Die Auswahl an Weinen (ausgeschenkt per Glas oder Flasche) ist sehr gut, das dazu servierte internationale Essen mundet nicht minder. Außerdem gibt es Livemusik.

Food Courts

Unter dem Begriff „Food Court" versteht man eine größere Speisehalle mit verschiedenen Essensständen.

> **MBK Food Court** €, im MBK Center (s. S. 25), 6. St., BTS: National Stadium, 10–21/22 Uhr. Großer, preiswerter Food Court mit Dutzenden von Essensständen, thailändisch, chinesisch, indisch, vegetarisch u. a. Lecker und preiswert.

> **The Fifth Food Avenue** €€, im MBK Center (s. S. 25), 5 St., www.thefifthfood.com, BTS: National Stadium, 10–21/22 Uhr. Etwas noblerer Food Court, Stände mit thailändischer, chinesischer, arabischer, indischer, griechischer und vegetarischer Kost, teilweise mit Livemusik. Das verzehrte Essen wird auf elektronischen Speicherkarten abgebucht.

> **Emporium Food Court** €€, Emporium Shopping Center (s. S. 25), 5. St., Sukhumvit/Ecke Soi 24, BTS: Phrom Phong, 10–22 Uhr. Neben einem Luxus-Food-Court findet man im Emporium eine Verkaufshalle mit zahlreichen preiswerteren Essensständen und auch Restaurants, große und gute Auswahl.

> **FoodLoft** €€, Central Chitlom Department Store (s. S. 25), 6. St., www.central.co.th/foodloft, 10–22 Uhr. Eleganter Food Court mit thailändischer, chinesischer, vietnamesischer, indischer, japanischer und italienischer Küche. Auch hier wird

Für den späten Hunger

Der westliche Bereich der Sukhumvit Road um die BTS-Station Nana [Q9] herum ist einer der empfehlenswertesten Zielorte bei nächtlichem Magenknurren. Auf der Strecke zwischen Soi 3 und 5 beginnen spätabends zahlreiche Straßenstände ihr Brutzelwerk und das Treiben endet erst am frühen Morgen. Der Bereich ist zum Teil eine Art Rotlichtmilieu und das Publikum extrem gemischt: Von der „Bordsteinschwalbe" bis zum arabischen Touristen mit Ehefrau in schwarzer Burka ist alles präsent, aber das macht die Szene auch umso interessanter.

Das hier ansässige **Subway Sandwich** (Sukhumvit Road Soi 7/1) ist eine Sandwichbar und 24 Stunden geöffnet. Das daneben gelegene **CoffeeWorld** (Kaffee, Tee und Mahlzeiten) schließt ebenfalls nie, ebenso das **Took Lae Dee** (übersetzt „billig und gut"), das in der Tat sehr gute und preiswerte westliche und asiatische Mahlzeiten kredenzt. Took Lae Dee betreibt Filialen in allen Supermärkten der Foodland-Kette (www.foodland.co.th) und sowohl die Supermärkte als auch die Restaurants sind rund um die Uhr geöffnet. Alle Filialen von **7-Eleven** – und in Bangkok gibt es etwa 1000 – sind ebenfalls rund um die Uhr geöffnet. Neben Snacks aus der Tüte offerieren sie einige kleine heiße Mahlzeiten, z. B. Würstchen und Kaffee.

▷ *Gute Aussichten: Die Rama VIII. Bridge in der Abenddämmerung*

EXTRATIPP

Lokale mit guter Aussicht

87 [N6] **Bangkok Sky Restaurant** €€, 76. u. 78. St., Baiyoke 2 Tower, Pratunam, Tel. 02 6563456, Anschluss (extension) 4, www.baiyokehotel.com, 6–10, 11–15 u. 17.30–22 Uhr. Frühstücks- bzw. Seafood-Buffets in Bangkoks höchstem Restaurant im höchsten Gebäude Thailands (304 m bis zum Dach, 328 m bis zur aufgesetzten Spitze). Das Essen ist gar nicht so toll, es erlaubt aber den kostenlosen Zugang zur Aussichtsplattform im 77. Stock und zum sich drehenden „View Point" im 84. Stock. Die „Roof Top Bar & Music Lounge" im 83. Stock serviert Snacks und Drinks, ab 20 Uhr mit Livemusik. Geöffnet 10–1 Uhr.

88 [C8] **Deck by the River** €€, Arun Residence, 36–30 Soi Pratoo Nok Yoong, Maharat Rd., Tel. 02 2219158, www.arunresidence.com, Mo.–Do. 11–22, Fr.–So. 11–23 Uhr. Gegenüber Wat Arun **28** gelegenes Lokal mit fantastischen Ausblicken auf den Tempel, vor allem bei Sonnenuntergang, dazu werden leckere thailändische Speisen serviert. Die besten Ausblicke eröffnen sich von der Bar in der 4. Etage.

89 [D4] **Khinlom Chomsaphan** €€, 11/6 Samsen Rd. Soi 3, Tel. 02 6288382/3, www.khinlomchomsphan.com, 11–24 Uhr. Nahe dem Touristenviertel Banglamphoo gelegenes Lokal mit schlichtem Ambiente, aber sehr gutem Seafood, dazu Aussicht auf den Chao-Phraya-Fluss und die Rama-VIII.-Brücke.

90 [B6] **Supatra River House** €€€, 266 Soi Wat Rakhang, Arun Amarin Rd., Bangkok Noi, Tel. 02 4110305, www.supatrariverhouse.net, 11.30–14.30 u. 18–23 Uhr. Nahe Wat Arun **28** an der linken Flussseite gelegenes romantisches Teakhaus, das einst einem thailändischen Aristokraten gehörte. Mit exquisiter, aber sehr teurer Seafood- und Thai-Küche – man kann leicht 50 € oder mehr pro Person loswerden. Zu erreichen per Fähre vom Maharat-Pier gegenüber Wat Arun ansonsten kann man sich nach telefonischer Vorbuchung für 250 Baht p. P. mit dem Boot von jeder beliebigen Stelle am Fluss abholen lassen.

91 [G10] **Yok Yor Restaurant** €€, 885 Soi Somdej, Chao Phraya 17, Klong San, Tel. 02 28630565/6, www.yokyor.co.th, 11–24 Uhr. Hier genießt man gute Meeresfrüchte und thailändische Speisen mit Ausblick auf den Chao-Phraya-Fluss. Das Haus bietet auch Flussfahrten an.

023bk Abb.: rk

das Essen auf elektronischen Speicher-
karten verbucht.
> **Siam Paragon Food Hall** ^{€€}, Siam Para-
gon Shopping Center (s. S. 28), Untergeschoss, 10–22 Uhr. Aus mehreren
Zonen bestehendes Food Center, das
aus einem relativ preiswerten und einem
eher hochpreisigen Food Court sowie
zahlreichen kleinen Nahrungsmittel-
geschäften und Restaurants besteht.
Das Angebot ist riesig: thailändische,
chinesische, japanische, indische und
italienische Küche, dazu Fast Food und
vielfältige Delikatessen, die an Dutzen-
den von Ständen angeboten werden.
> **Weitere Food Courts** finden sich in
allen besseren Kaufhäusern, z. B. im
CentralWorld (7. St., s. S. 25).

Bangkok am Abend

*Eine der ausgeprägtesten Charakter-
eigenschaften der Thais ist der allge-
meine Sinn für „sanuk" – Spaß. Viele
Thais lassen keine Gelegenheit zum
Feiern aus und dieser weitverbreite-
te Hang zum Frohsinn hat eine aus-
ufernde Unterhaltungsszene geschaffen. Auch abseits der Rotlichtetablis-
sements, auf die sich die westlichen
Medien gerne so überproportional
konzentrieren, bieten sich zahlreiche
Möglichkeiten zur abendlichen Unterhaltung und Entspannung.*

Der Spaß hat allerdings ein relativ
frühes Ende: Je nach Stadtbereich
liegt die **Sperrstunde** bei 1 oder 2
Uhr morgens. Einige wenige Klubs
schaffen es, durch „gute Beziehungen" länger aufzubleiben. Viertel wie
das westliche Ende von Sukhumvit,
etwa zwischen Soi 3 und 11, verwandeln sich nach der Sperrstunde in ein
Open-Air-Tollhaus mit langen Trink-
und Esszeilen, die den ganzen Bürgersteig in Beschlag nehmen. Wer

hier nüchtern auftritt, fühlt sich auf
dem falschen Planeten. Dass **Min-
destalter** zum Betreten von Nacht-
klubs, Bars usw. ist 20. Bei einigen (wenigen) Etablissements wird
eine Ausweiskontrolle durchgeführt,
allerdings eher bei Thais als bei
Ausländern.

Die **Preise für Getränke** sind, am
Landesstandard gemessen, in der
Regel hoch. Ein Bier kostet 2,50 bis
5 €, ein Glas Wein 5 bis 8 €. In manchen Diskotheken ist ein Eintritt von
5 bis 12 € zu berappen. Der Eintritt
beinhaltet üblicherweise 1 oder 2
Drinks. Alle Pubs, Bars, Diskotheken usw. sind **Nichtraucherzonen.**
Wer den Drang auf Tabak verspürt,

*◩ Schlendern, sitzen, schwatzen,
shoppen: die Hauptaktivitäten
am Siam Paragon Center (s. S. 28)
und in den zahlreichen anderen
Einkaufstempeln*

muss vor die Tür gehen. In vielen Discos und Pubs halten sich sogenannte „Freelancer" auf, Frauen auf der Suche nach bezahltem Sex. Manche sind „voll professionell", andere haben einen regulären Beruf und schaffen zwecks Nebeneinnahmen an. In Bangkok sind sie Teil der nächtlichen Szene und kein Grund zur Beunruhigung.

Diskotheken, Klubs und Bars

92 [U7] **808 Bangkok,** 29/53–64 Block C, RCA (Royal City Avenue), Rama IX. Rd., MRT: Phram Rama IX., Tel. 02 6222572, www.facebook.com/pages/808-NIGHTCLUB-BANGKOK/7132104214, 21–2 Uhr. Danceclub in modernem, industriell anmutendem Gewand und mit einer grandiosbombastischen Soundanlage. Regelmäßige treten international bekannte DJs auf.

93 [O9] **Club 87 Plus,** Conrad Hotel, 87 Wireless Rd., BTS: Ploenchit oder Chitlom, Tel. 02 6909999, 18–2 Uhr. Elegant-intime Disco und Bar im Erdgeschoss des Conrad Hotels, ein angenehmer Kontrast zu den Großraumdiscos. Smarte Kleidung ist Pflicht.

94 [M8] **CM²,** Novotel Siam, Siam Sq. Soi 6, BTS: Siam, Tel. 02 2098888, www.cm2bkk.com, 21–2 Uhr, Eintritt ca. 12 € inkl. 2 Drinks. Aus mehreren Abteilungen bestehender Klub mit großem Saal für Livemusik (Rock, Pop, Hip-Hop, Funk), ein kleinerer Raum mit einem DJ und eine Bar. Das angeschlossene italienische Restaurant zaubert sehr gute Pizzas. Gemischtes Publikum, von Arabern auf Alkohol- und Sexurlaub bis hin zu biederen Geschäftsleuten, Prostituierten aus ehemaligen UdSSR-Staaten und thailändischen „Freelancern". Die Freelancer scheinen hier besonders aggressiv auf Beutefang zu gehen.

95 [T5] **Dance Fever,** 71/1 Ratchadapisek Rd., MRT: Huay Khwang, Tel. 02 2825573, 17.30–1 Uhr. Typische Thai-Disco mit vielen kleinen runden Tischen, an denen die Gäste um ihre Johnnie-Walker-Flasche tanzen. Thai-Discos haben keine eigentliche Tanzfläche, man tanzt da, wo man steht und trinkt. Teilweise mit Livemusik, die mit leicht bekleideten Tänzerinnen untermalt wird. Oft sehr, sehr laut.

❶**96** [D5] **Gazebo**, 44 Chakrabongse Rd., Banglamphoo, Tel. 02 6290705, www.gazebobkk.com, 11–2 Uhr, Eintritt je nach Tag, Uhrzeit und Event etwa 6–7 € (inkl. Drink). Wahrscheinlich die beste Entertainmentoption im Touristenviertel Banglamphoo, gemütliches marokkanisch-arabisches Ambiente, mit Open-Air-Restaurant, Bar und Livemusik. Dazu gutes und preiswertes Essen: thailändisch, westlich und vegetarisch. 2009 wurde Gazebo von Lonely Planet zur „zweitbesten Bar" der Welt erklärt, dies dürfte jedoch ein wenig übertrieben sein. (Der Co-Sponsor der Umfrage war der thailändische Bierbrauer Singha, was die Wahl beeinflusst haben könnte.) Dennoch: sehr empfehlenswert.

❷**97** [L11] **Lucifer**, 76/1–3 Patpong Soi 1, BTS: Sala Daeng, MRT: Silom, 20–2 Uhr, Tel. 02 2346902. Zweistöckige Disco in Patpong mit „teuflischem" Ambiente: An den Wänden hängen leuchtende Teufelsmasken und die in Rot gekleideten KellnerInnen sind standesgemäß mit Hörnern versehen. Aufgelegt wird Trance, Dance oder Rave. Gleich links daneben im selben Gebäude befindet sich **Radio City**, in dem jeden Abend um 23 Uhr ein thailändischer Elvis-Presley-Imitator das Mikrofon an sich reißt. Um 24 Uhr folgt dann ein Sangeskollege, der sich in Richtung Tom Jones geklont zu haben scheint. Das Ganze ist ein Riesenspaß, die Doubles machen ihre Sache ganz ausgezeichnet.

❶**98** [S9] **Narz Bangkok (ehemals Narcissus)**, 112 Sukhumvit Soi 23, Tel. 02 2584805, www.narzclubbangkok.net, ab 22 Uhr bis in die frühen Morgenstun-

den, BTS: Asok. Schon das im römischen Stil gehaltene exzentrische Äußere weist darauf hin, dass es sich hier nicht um einen Zechplatz für das gemeine Volk handelt. Innen sieht es auch nicht bescheidener aus – man könnte meinen, ein paar ausgeflippte Designer mit unbegrenztem Budget seien ans Werk gegangen, prunkvoller geht es kaum.

❶**99** [Q8] **Nest Bar & Lounge**, 33/33 Sukhumvit Soi 11, BTS: Nana, Tel. 02 6546935, www.lefenix-sukhumvit.com, 17–2 Uhr. Eine elegante Bar auf der Dachterrasse des Le Fenix Hotels mit wunderbarem Panoramablick über das nächtliche Sukhumvit, cooler Atmosphäre und guten Cocktails. Der DJ legt hier Hits aus den letzten drei Jahrzehnten auf.

❸**100** [Q8] **Q Bar**, 34 Sukhumvit Soi 11, BTS: Nana, www.qbarbangkok.com, Tel. 02 2523274, 20–2 Uhr, Eintritt je nach Tag oder Event etwa 10–16 € (inkl. 2 Drinks). Moderner Hip-Hop- und Technoklub mit ausgefallenen Cocktails und großer Auswahl an Standardgetränken. Zu Anfang hatte die Q Bar einen etwas elitären Anspruch, heute aber finden sich hier auch die ansonsten in „niedereren Gefilden" aktiven Freelancer (s. o.) ein, auch wenn sie für Nichteingeweihte nicht immer als solche zu erkennen sind. Gelegentlich reisen ausländische DJs an.

❸**101** [N8] **Spasso**, Grand Hyatt Erawan Hotel, 494 Ratchadamri Rd., BTS: Ratchadamri oder Chitlom, Tel. 02 2541234, www.bangkok.grand.hyatt.com, 12–2 Uhr. Hochklassiges italienisches Restaurant im Untergeschoss des Hyatt Erawan, das sich um 22 Uhr in einen gediegenen Nachtklub mit Livemusik verwandelt. Wechselnde Bands, die Pop, Rock, Funk oder Hip-Hop zum Besten geben, relativ hohe Getränkepreise und Eintritt (etwa 12 €). Leute in nachlässiger Kleidung fallen dem Anschauungstest des Türstehers zum Opfer.

102 [N12] **Vertigo Grill & Moon Bar,**
Banyan Tree Hotel, 21/100 South
Sathorn Rd., BTS: Surasak, Tel. 02
6791200, www.banyantree.com,
17–1 Uhr. Die romantische Bar im 61.
Stock des Banyan Tree Hotel bietet eine
wunderbare Aussicht auf das abendliche
oder nächtliche Bangkok. Perfekt für ein
paar entspannende Drinks, das Essen ist
jedoch nicht überdurchschnittlich.

Rockklubs

103 [E5] **AdHere 13th Blues Bar,**
13 Samsen Rd., Banglamphoo,
Tel. 087694613 (Handy), 17–12 Uhr.
Winzige Bar mit toller Bluesband, etwa
500 m von der Touristenstraße Khao
San Rd. entfernt. Der Raum ist so klein,
dass am Wochenende viele Gäste
draußen auf der Straße ihre Drinks ein-
nehmen müssen.

104 [Q9] **Bangkok Beat,** Sukhumvit Soi
7/1, BTS: Nana, Tel. 02 6513919,
www.bangkok-beat.com, 20–2 Uhr.
Liverock oder Hip-Hop-Musik von thailändischen oder philippinischen Bands,
dazu gutes Essen und preiswerte Drinks.
Mit Poolbillardraum und WLAN-Internet-
zugang. Die Bands beginnen um 21.30
Uhr, von 20 bis 23 Uhr ist Happy Hour
mit besonders günstigen Getränkeprei-
sen. Aufgrund der Lage im Milieu von
Nana sind die meisten der anwesenden
thailändischen Damen „Freelancer".

105 [L8] **Hard Rock Cafe,** 424/3–6 Siam
Sq., Soi 11, Tel. 02 2510797, BTS:
Siam, www.hardrock.com, 11–1.30 Uhr.
Teil der amerikanischen Hard-Rock-Cafe-

Kette, tagsüber amerikanische Speisen in Großportionen und Musik von der
Konserve, abends ab 22 Uhr Livemusik
von thailändischen oder philippinischen
Bands. Teilweise mitreißende Musik
(beim täglich gespielten Haus-Klassiker
„Shout and Shimmie" tanzt das Personal
auf dem Tresen), aber auch sehr laut. In
den oberen Etagen ist es etwas ruhiger.
Relativ hohe Getränkepreise.

106 [U7] **Overtone Music Cave,** 29/70–
72 Zone D Royal City Avenue (RCA),
Rama 9. Rd., Tel. 02 6414283 (18–2
Uhr), 02 2020432 (10–20 Uhr), Mi.–
So. 18.30–1.30 Uhr. Hier zeigen junge,
talentierte thailändische Bands ihr Können, gespielt wird Rock, Blues oder Funk.
Die Speisekarte bietet Gerichte mit ein-
deutigem „Rock-Einschlag", z. B. Red
Hot Chili Beef oder Metallica Pork. Gelegentlich treten internationale Bands auf.

107 [M4] **Saxophone Pub,** 3/8 Phya
Thai Rd., Victory Monument, BTS: Victory
Monument, www.saxophonepub.com,
Tel. 02 2465472, 18–2 Uhr. Diese sehr
beliebte Musikkneipe mit abwechseln-
dem Livemusikprogramm besteht schon
seit vielen Jahren. Oft wird Rock gespielt,
manchmal aber auch Blues oder Jazz
(aktuelles Programm siehe Website). Die
Bands sind meist recht gut, Speisen und
Getränke relativ preiswert. Musiker können bei Voranmeldung mitjammen.

025bk Abb.: rk

▷ *Ein halbes Tuk-Tuk –
als Symbol für Bangkok –
ragt aus der Vorderseite
des Hard Rock Cafe*

⊘**108** [S10] **Thaitanium,** Sukhumvit Soi 22, BTS: Asok, MRT: Sukhumvit, 19–2 Uhr. Die Hauptattraktion des Ladens ist die hauseigene Girl-Band, die internationale Hits spielt, und das sehr gut. Zum Abkühlen eignet sich die „Ice Bar" ganz aus Eis. Moderate Getränkepreise, allerdings können die Kellnerinnen, die permanent zum Weitertrinken animieren, etwas nerven. Livemusik ab 21 Uhr.

Jazzklubs

❯ **Bamboo Bar** im Mandarin Oriental Hotel (s. S. 122), Tel. 02 6599000, www.mandarinoriental.com, Fr./Sa. 11–2, So.–Do. 11–1 Uhr. Jazzbar mit großartigem tropischen Ambiente, man fühlt sich nahezu in einen Dschungel versetzt. Gediegener, eher ruhiger Jazz von Bands oder Duos, oft internationale Stars. Aufgrund der Lage im noblen Mandarin Oriental Hotel sind Getränke- und Essenspreise hoch, nachlässige Kleidung ist unerwünscht.

⊘**109** [F5] **Brown Sugar: The Jazz Boutique,** 469 Wanchad Junction, Phra Sumen Rd., Tel. 02 2820396, www.brownsugarbangkok.com, Café und Restaurant 11–23 Uhr, Musikprogramm So.–Do. 17–1 Uhr, Fr./Sa. 17–2 Uhr. Ein legendäres Jazzlokal, das inzwischen von seinem ursprünglichen Stammplatz am Lumpini Park in die Nähe der Khao San Rd. umgezogen ist und sich dabei auch vergrößert hat. Abends spielen hier hörenswerte thailändische oder internationale Jazzbands, dazu gibt es gutes Essen und jede Menge alkoholische Getränke.

Sportbars

⊘**110** [Q9] **Bus Stop Bar,** Sukhumvit Soi 4, BTS: Nana, Tel. 02 2584529, 10–1 Uhr. Ähnlich wie The Office Bar & Grill, aber halb-open-air (an den Seiten offen) und inmitten des leicht anrüchigen Nana-Viertels gelegen. Mit gutem westlichen Frühstück.

026bk Abb.: rk

❼111 [Q8] **Gulliver's Tavern,** Sukhumvit Soi 5, www.gulliverbangkok.com, Tel. 02 6555340/2. Sportübertragungen von Golf, Formel 1, Fußball usw., dazu Pool-Tische sowie gutes westliches und thailändisches Essen. Von den Sitzgelegenheiten draußen an der Straße lässt sich gut das Geschehen im Nana-Viertel beobachten.

❼112 [T10] **The Office Bar & Grill,** Sukhumvit Soi 33, BTS: Phrom Phong, Tel. 02 6621936, www.theofficebkk.com, Mo.–Do. 15.30–1, Fr.–So. 12–1 Uhr. Auf riesigen Bildschirmen werden wichtige Sportereignisse übertragen – oder zumindest wichtige Sportereignisse für Briten und Australier: Hier sind vor allem die Spiele der englischen Fußballliga und Rugby zu sehen. Des Weiteren stehen Pool-Tische zur Verfügung, serviert wird westliches bzw. australisches Essen.

Deutsche Kneipen

❺113 [Q8] **German Biergarten (Beer Garden),** Sukhumvit Soi 7, 8–1 Uhr. Eine legendäre Bar, wobei fraglich ist, ob das deutsche Essen, das Bier und die teilweise deutsche Musik die Hauptattraktionen sind oder die zahllosen „Freelancer", die aus allen dunklen Ecken Thailands hierhin zu strömen scheinen. Die Szenerie kann bizarr sein, eigentlich könnte man die Bar auch unter der Rubrik „Sehenswürdigkeiten" abhandeln. Ein Erlebnis der ganz besonderen Art. 2014 wir der Biergarten möglicherweise (temporär?) schließen, da der Straßenblock saniert werden soll.

❺114 [Q8] **Old German Beer House,** Grand President Tower 3, 11 Sukhumvit Soi 11, BTS: Nana, Tel. 02 6513838, www.old-german-beerhouse.com, 8–1 Uhr. Importiertes deutsches Bier, dazu gute deutsche Hausmannskost und Thai-Speisen zu relativ moderaten Preisen.

Auf dem großen Fernsehschirm kann man bequem die Spiele der Fußball-Bundesliga verfolgen.

Englische und irische Pubs

❺115 [Q9] **Huntsman's Pub,** The Landmark Hotel, 138 Sukhumvit Rd., BTS: Nana, www.landmarkbangkok.com, Tel. 02 2540404, 11.30–2 Uhr. Urig-gemütlich eingerichteter englischer Pub, ab 21 Uhr mit Livemusik (oft von philippinischen Bands), dazu Sportübertragungen. Von 15 bis 21 Uhr ist Happy Hour.

❺116 [L11] **Molly Malone's Irish Pub,** 1/5–6 Soi Convent, Silom Rd., BTS: Sala Daeng, MRT: Silom, Tel. 02 2667160, www.mollymalonesbangkok.com, 9–1 Uhr. Äußerst beliebter irischer Pub mit sehr gutem irischen Pub-Food und abends irischer Livemusik. Natürlich dürfen irische Klassiker wie Guinness, Kilkenny und andere nicht fehlen. Mit Sportübertragungen auf dem Großbildschirm.

❺117 [T10] **The Londoner Brew Pub,** UBC 2 Bldg., Sukhumvit/Ecke Soi 33, BTS: Phrom Phong oder Asok, MRT: Sukhumvit, Tel. 02 2610238, www.the-londoner.com, 11–1 Uhr. Gutes, wenn auch nicht ganz billiges englisches Pub-Essen, dazu alle erdenklichen englischen Biersorten und selbst das Personal trägt alten Britenlook. Abends Livemusik und Sportübertragungen. Kostenloser WLAN-Inter-

◁ *Der Verstärker steht auf Anschlag: die bekannte Rockgruppe „Modern Dog" auf einem Open-Air-Konzert*

netzugang. Von 14 bis 17 und 23 bis
1 Uhr ist Happy Hour und dann gibt es für
jeden Drink einen kostenlos hinzu.

Go-go-Bars

Sie sind der wohl berühmt-berüch-
tigste Aspekt des Nachtlebens in
Bangkok: die Go-go-Bars, in denen
Frauen auf einer Bühne zu Rockmu-
sik um eine Chromstange herumtan-
zen und dabei so tun, als würde es ihnen Spaß machen. In manchen Bars,
z. B. in Patpong, werden dazu noch
ganz andere, teils sehr bizarre Ein-
lagen geboten. Für die Frauen ist die
Bühnenshow erst der Beginn des Ar-
beitstages, denn die meisten lassen
sich später auch für andere Dienste
anheuern.

Wer sich das Treiben einfach nur
einmal ansehen will, sollte die Go-go-
Bars in Patpong besser meiden: Hier
kommt es allzu häufig zu horrend
überhöhten Getränkerechnungen
oder irgendwelchen „Aufschlägen"
für die Show und diese werden von
den Angestellten (sprich Schlägern)
aggressiv eingetrieben. Die thailändische Polizei hilft in solchen Fällen
kaum. Am höchsten ist die Chance,
hereingelegt zu werden, in den oft etwas versteckt gelegenen Bars in den
Obergeschossen der Gebäude.

Besser als Patpong sind die **Go-go-
Bars in Soi Cowboy** (zwischen Sukhumvit Soi 21 und 23, BTS: Asok oder
MRT: Sukhumvit). Hier sind Barbetrei-
ber und Personal weit umgänglicher
und dubiose Geschäftspraktiken sind
selten. Auch Touristinnen können diese Bars ohne Gefahr besuchen, wahrscheinlich werden sie vom Personal sogar besonders zuvorkommend
behandelt.

Weitere Go-go-Bars finden sich
im Gebäudekomplex **Nana Pla-**

za, Sukhumvit Soi 4 (BTS: Nana).
Auch hier geht es im Gegensatz zu
Patpong relativ zivilisiert zu. Zwei
der Bars beschäftigen nur *gathoey*
oder *ladyboys,* Transvestiten oder
Transsexuelle.

Transvestitenshows

Thailands *ladyboys* sind ein fest integrierter Aspekt des Nachtlebens in
Bangkok – oder besser gesagt, ein
**fest integrierter Bestandteil der thai-
ländischen Gesellschaft**, denn Transsexuelle oder Transvestiten werden
kaum oder gar nicht diskriminiert.
Manche von ihnen sind für Laien
(also für die meisten Touristen) kaum
als ehemalige Männer zu erkennen –
Thailands Chirurgen leisten beste Arbeit und die richtige Dosis Silikon und
Schminke macht die Illusion nahezu
perfekt.

Am unteren Ende ihrer sozia-
len Skala stehen die *ladyboys,* die
abends auf dem Bürgersteig auf Frei-
ersuche gehen und sich zusätzlich als
Taschendiebe betätigen. Am oberen
Ende stehen die gut bezahlten Aktri-
cen, die in einem der **Transsexuellen-
Kabaretts** auftreten. Dabei mimen
sie wie Divas zu bekannten Musikstü-
cken, tanzen und lassen die langen
falschen Wimpern flattern. Manchem
Touristen gefällts. Hier die wichtigsten
Adressen. (Man sollte mit Eintrittsprei-
sen um 20 € rechen.)

❼**118** [L7] **Calypso Cabaret,**
Asia Hotel, 296 Phya Thai Rd.,
BTS: Ratchathewi, Tel. 02 6533960,
Shows: 20.15 und 21.45 Uhr

❼**119 Mambo Cabaret,**
59 Sathuprathit-Phraram 3 Rd. (Yannawa Rd.), Yannawa, BTS: Surasak, Tel.
02 2947381, Shows: 19.15, 20.30 und
22 Uhr. Das Cabaret wird von den Thais
Rong Lakhon genannt („Show-Haus").

EXTRATIPP

Über die Sperrstunde hinaus: Wo kann man hin?

Die frühe Sperrstunde von 1 oder 2 Uhr ist für viele Nachtschwärmer, Einheimische wie Touristen, eine herbe Enttäuschung. Einige Etablissements setzen sich allerdings über die frühen Schließzeiten hinweg – in Thailand wird durch Beziehungen zu einflussreichen Personen und Schmiergeldzahlungen auch das Unmögliche möglich. Hier sind ein paar Klubs aufgelistet, die bis in die frühen Morgenstunden geöffnet bleiben. Bedenken Sie aber, dass sich gerade in dieser Szene schnell viel verändern kann. Alle unten stehenden Klubs sind i. d. R. ab 23/24 Uhr bis in den frühen Morgen geöffnet.

So gut wie alle thailändischen Frauen, die sich zu später Stunde in derartigen Etablissements aufhalten, gehören dem „professionellen Gewerbe" an (auch wenn sie behaupten, tagsüber im Büro, Kaufhaus o. Ä. zu arbeiten). Als männlicher Besucher sollte man bedenken, dass die scheinbare „Eroberung" wahrscheinlich nur auf eine finanzielle Transaktion aus ist. Ausländische Frauen können diese Läden bedenkenlos besuchen, manche der Gäste sind Backpacker aus der Khao San Road. Viele Taxifahrer befördern die Gäste kostenlos zu den Klubs, da sie dort eine Kommission erhalten. Die in den Klubs vorherrschenden Musikrichtungen sind Techno oder Hip-Hop.

✪**120** [N6] **Bossy**, Pratunam, von Ratchadamri Rd. ausgehend, nahe Einmündung Sri Ayutthaya Rd.

✪**121** [E5] **Buddy Beer Bar**, Buddy Lodge, 265 Khao San Rd., 24 Std. geöffnet. Große, saubere und helle Bar (Restaurant) mit Pool-Tischen. Nach Mitternacht darf *offiziell* kein Alkohol ausgeschenkt werden.

✪**122** [Q8] **Soda Club**, Sukhumvit Soi 5, über Foodland Supermarket

✪**123** [J8] **Spicy**, Soi 1 Ronmuang Rd., von Rama I. Rd. ausgehend

✪**124** [P12] **Wong's Place**, i27/3 Soi Sri Bumphen, abseits Rama 4 Rd., Tel. 081 9010234, MRT: Lumpini. Wong's ist eine winzige, gemütliche, urige, etwas heruntergekommene Bar, die von 20 Uhr bis sehr spät (oder früh) geöffnet ist. Nüchtern ist hier zu später Stunde niemand. Manchmal spielt eine japanische Band Beatles-Hits – mit relativ mäßigem Können, aber mit umso mehr Enthusiasmus.

Schwulenbars und -discos

Bangkoks Schwulenszene konzentriert sich um das östliche Ende der Silom Road [L11] herum – um Silom Soi 2, 2/1 und 4 – und von dort schwappt sie auch auf den östlichen Bereich der Suriwong Road [L11] über. In dem Umfeld befinden sich u. a. einige Massagesalons und Go-go-Bars. In Letzteren tanzen spärlich bekleidete Männer oder tun auch weitaus Gewagteres – im Grunde geht es dort nicht viel anders als in den Hetero-Go-go-Bars des nahe gelegenen Patpong zu. Die thailändische Gesellschaft ist gegenüber Homosexuellen **extrem tolerant**.

❯ In Silom Soi 4 finden sich die Bars **The Sphinx** (Tel. 02 2347249, www.sphinxbangkok.com), **The Balcony Pub** (Tel. 02 2355891, www.balconypub.com) und **Telephone Pub** (www.telephonepub.com, Tel. 02 2343278). In Letzterer befindet sich auf jedem Tisch ein Telefon, mit dem man Gäste an anderen Tischen anrufen kann (geöffnet jeweils 18–2 Uhr).

❯ In Silom Soi 2 haben sich einige Schwulendiscos angesiedelt, allen voran die altgediente **DJ Station** (mit Kabarett gegen 23 Uhr, Tel. 02 2664029), dazu **G.O.D.** (= „Guys on Display", Soi 2/1, kein Tel.) und **Disco Disco** (Tel. 02 2346151).

Klassischer Thai-Tanz

🕐**125** [H12] **Sala Rim Nam,** Charoen
Nakhorn Rd., an dem dem Mandarin
Oriental Hotel(s. S. 122) gegenüberliegenden Flussufer, kostenloses Zubringer-
boot vom Mandarin Oriental Hotel, www.
mandarinoriental.com, Tel. 02 4376211,
19–22 Uhr, Tanz: 20.30–21.30 Uhr.
Thai-Tänze werden oft in hochpreisigen
Restaurants aufgeführt, aber wenn man
schon (relativ) viel Geld ausgibt, dann
gleich an der besten Adresse: Das Sala-
Rim-Restaurant des Oriental Hotels, oft-
mals zum besten Hotel der Welt gekürt,
serviert erstklassige Thai-Küche, wahl-
weise in einer traditionell thailändisch
gehaltenen Sektion oder in modern-west-
lichem Ambiente. Die Tänzerinnen sind in
prächtige traditionelle Gewänder gehüllt
und erzählen in ihren Tänzen alte thailändische Mythen, manches Mal geht es bei
folkloristischem Tanz etwas forscher zur
Sache. In Kombination mit dem großartigen Essen und der Bootsfahrt ist dies
sicher ein unvergessliches Erlebnis. Preis
inklusive mehrgängigem Menü ca. 50 €.

❯ An den Sehenswürdigkeiten Lak
Mueang ❺ und Erawan-Schrein ㊳
kann man ebenfalls Thai-Tänzen beiwohnen, in diesem Fall sogar kostenlos.

Bangkok für Kunst- und Museumsfreunde

*Bangkoks Angebot in dieser Hinsicht
ist, gemessen an westlichen Metropolen, etwas dünn. Intellektuelle Freizeitbeschäftigungen werden nur von
wenigen der so zu „sanuk" (Spaß) hin
orientierten Thais gepflegt.*

Museen

🏛**126** [H3] **Abhisek Dusit Throne Hall,**
Dusit Park, 9–16 Uhr, ca. 60 Cent. Etwa
100 m südöstlich des Vimarnmek Palace
steht die Abhisek Dusit Throne Hall, ein
mit roten Ziegeln gedecktes Gebäude,
in dem Anfang des 20. Jh. Botschafter empfangen wurden. 1993 wurde es
neu eröffnet und heute beherbergt es
Handwerks- und Kunstgegenstände, die
unter königlicher Patronage erschaffen
wurden.

🏛**127** [H2] **Ancient Cloth & Silk Museum,**
Dusit Park, Ananta Samakhom Throne
Hall ㉓, 9.30–15.15 Uhr. Französisches
Kolonialgebäude mit einer Sammlung
von Textilien und Seide aus verschiede-
nen Regionen Thailands, dazu die
königlichen Roben von Rama IV. und
Rama V.

🏛**128** [L8] **Bangkok Art & Culture Center,**
939 Rama 1 Rd., Ecke Phya Thai Rd,
Tel. 02 2146630/8, Di.–So. 10–18 Uhr,
BTS: National Stadium. Das 2009 eröff-
nete städtische Kunstmuseum, direkt
gegenüber dem Konsumtempel MBK,
bietet wechselnde Ausstellungen.

🏛**129** [O6] **Bangkok Dolls Museum,**
85 Soi Ratchataphan, Ratchataphan
Rd., Pratunam, BTS: Victory Monu-
ment, dann ca. 1 km zu Fuß oder mit
Taxi, Di.–So. 8–17 Uhr. Museum und
Geschäft zugleich, mit kunstvoll gearbei-
teten Puppen und einer Ausstellung zur
Geschichte von Puppen.

Bangkok für Kunst- und Museumsfreunde

🏛130 [L8] **Madame Tussaud's,** Siam Discovery Center, 6. St., 989 Rama I. Rd., www.madametussauds.com/Bangkok, BTS: Siam, Tel. 02 26580060, 10–21 Uhr, letzter Einlass 20 Uhr, Eintritt ca. 20 €, Kinder 15 €, bei Onlinebuchung ca. 20 % preiswerter. Eine relativ neue Zweigstelle des berühmten Wachsfigurenkabinetts. Ausgestellt sind über 70 lebensechte Wachsfiguren, unter anderem von Barack Obama, Queen Elizabeth, Mahatma Gandhi, Johnny Depp, Lady Gaga, David Bowie, Brad Pitt und Angelina Jolie sowie von thailändischen Berühmtheiten.

❸ [C5] **Nationalmuseum.** Thailands wichtigstes Museum, *der* Ort für historisch und kulturell Interessierte

🏛131 [H2] **Photography Museum,** Dusit Park, hinter Ananta Samakhom Throne Hall ㉓, 9.30–15.15 Uhr. Die meisten der hier ausgestellten Fotos stammen von König Bhumipol, der bis in sein hohes Alter ein passionierter Fotograf war. In seinen jüngeren Jahren benutzte er gerne eine Leica und zu seinem 50-jährigen Thronjubiläum 1996 revanchierte sich die Firma und schenkte ihm eine goldverzierte Sonderausgabe der Leica M6.

🏛132 [F6] **Rattanakosin Exhibition Hall,** 100 Ratchadamnoen Klang, Tel. 02 6210044, www.nitasrattanakosin.com, Mo.–Fr. 11-20, Sa./So. 10–20 Uhr, ca. 2,50 €. 2010 eröffnetes Museum, das sich mit der Kultur der Rattanakosin-Periode befasst. Mit gut gemachten Multimedia-Shows und diversen Ausstellungsstücken: Masken zum traditionellen thailändischen Tanz, dazu Figuren, die zeitgenössisches Leben der Periode darstellen, Miniaturnachbildungen von Wat Phra Kaew und dem Royal Palace u. v. m. Von einem Aussichtspunkt an der Ostseite im 4. Stock bietet sich ein wunderbarer Ausblick auf Wat Saket, Wat Ratchanadta

EXTRATIPP

Songkran Siyomsane Forensic Medicine Museum (Forensisches Museum)

🏛134 [B5] **Siriraj Medical Museum,** Adulyadej Bldg., 2. St., 2 Prannok Rd., Bangkok Noi, Tel. 02 417618/9, Mi.–Mo. 10–17 Uhr, Eintritt ca. 5 €. Museum und Gruselkammer zugleich: In diesem forensischen Museum werden Objekte zu einigen der schlimmsten thailändischen Kriminalfälle ausgestellt, unter anderem Leichenteile und Mordwerkzeuge. Eines der ungewöhnlichsten Museen der Welt, aber nichts für Zartbesaitete!

und den Lohaprasad. Die Stelle kann über ein Treppenhaus erreicht werden, ohne dass man den Eintrittspreis zahlen muss.

🏛133 [H3] **Royal Elephant Museum,** Dusit Park, hinter Ananta Samakhom Throne Hall ㉓, 9.30–15.15 Uhr. Das Museum befasst sich mit Elefanten, vor allem mit „weißen Elefanten" (Albino-Elefanten), die als nationale Glücksbringer gelten. Die weißen Elefanten wurden traditionell dem König geschenkt. Das Museum erzählt von den Mythen und dem (Aber-)Glauben um die Tiere.

㉖ [B5] **The Royal Barge National Museum.** Eine Ausstellung der

Museen, die mit einer magentafarbenen Nummer (❸) als Hauptsehenswürdigkeit ausgewiesen sind, werden im Kapitel „Bangkok entdecken" ausführlich beschrieben. Dort finden sich auch alle praktischen Informationen wie Adresse, Öffnungszeiten, Eintrittspreise usw.

prächtigen, fabelhaft anmutenden Barken, die in königlichen Zeremonien eingesetzt wurden.

Kunstgalerien

☎**135** [H9] **About Café**, 418 Maitrichit Rd., Tel. 02 6398057, MRT: Hualamphong, unregelmäßig geöffnet. Moderne Kunst und heiße Getränke in einer alternativ wirkenden Galerie, die in einem wenig attraktiven Teil von Chinatown westlich des Hualamphong-Bahnhofs liegt.

☎**136** [J12] **Kathmandu Photo Gallery**, 87 Pan Rd., Silom Rd., Tel. 02 2346700, www.kathmandu-bkk.com, BTS: Chong Nonsi, Di.–So. geöffnet. Die in einem alten portugiesischen Holzhaus untergebrachte Fotogalerie stellt das Schaffen thailändischer Fotografen vor.

☎**137** [D5] **National Gallery**, Chao Fah Rd., nördlich von Sanam Luang, Tel. 02 2822639, Mi.–So. 8–17 Uhr, ca. 60 Cent, Kunstmarkt kostenlos. Ausstellungen zu zeitgenössischer und traditioneller thailändischer Kunst, dazu an Wochenenden ein kleiner Kunstmarkt im Innenhof.

☎**138** [J12] **Thavibu Gallery**, 919/1 Silom Rd., 3. Stock, BTS: Surasak, Tel. 02 2665454, www.thavibu.com, Di.–So. 11–19 Uhr. Ausstellungen zeitgenössischer Künstler aus Thailand („Tha"), Vietnam („vi") und Burma („bu"), deren Exponate auch zum Verkauf stehen.

Theater

⟳**139** [D5] **Nationaltheater**, 2 Rachini Rd., Sanam Luang, Tel. 02 224 1342. Am letzten Freitag und Samstag eines jeden Monats Aufführungen klassischen thailändischen Dramas (*khon*), bei denen schon die bizarre Maskierung und die bunte, fantasievolle Kleidung der Darsteller einen staunenden Blick wert sind.

⟳**140** [B6] **Patravadi Theatre**, 69/1 Soi Wat Rakhang, www.patravaditheatre.com, Tel. 4127287, Vorstellungen mit Dinner Fr./Sa. 19 Uhr, wechselnder Eintritt. In dem nahe Wat Rakhang gelegenen Haus finden bezaubernde Tanz- und Theateraufführungen statt, in denen von alten thailändischen oder asiatischen Epen erzählt wird. Sehr empfehlenswert.

038bk Abb.: rk

◁ *Das thailändische Theater ist „spitze"*

▷ *Unerwartetes Idyll: der Lumpini Park (s. S. 62) ist die grüne Lunge der Innenstadt, ein Platz für Jogger und Tai-Chi-Fanatiker ebenso wie für Müßiggänger*

Bangkok zum Träumen und Entspannen

Träumen und entspannen lässt sich in Bangkok vielleicht **am besten nahe und auf den Klongs** im Stadtgebiet Thonburi, also linksseitig des Flusses Chao Phraya. An allen größeren Piers an der rechten Flussseite lassen sich sogenannte „Langschwanzboote" *(rüa haang yaao)* zu Fahrten anheuern, eine Stunde sollte nicht mehr als 20 € kosten. Von den Klongs aus erlebt man noch die **„Hinterhofseite" Bangkoks,** die einem von der Straßensicht aus verborgen bleibt: Hausfrauen waschen energisch ihre Wäsche im Klong, Kinder spielen fröhlich darin als wäre gerade Ferienbeginn und gelegentlich geht noch der ein oder andere Mönch im Paddelboot auf morgendliche Almosentour. Palmenhaine und andere Vegetation, mit der im urbaneren Teil von Bangkok so sehr gegeizt wird, runden das Bild harmonisch ab. Man sieht aber auch, dass es hier vielerorts um den Wohlstand nicht gut bestellt ist, denn viele Behausungen machen einen sehr ärmlichen Eindruck.

Ich empfehle eine **Fahrt in den Klong Bangkok Yai,** der südwestlich von Wat Arun ㉘ vom Fluss abzweigt. Hier passiert man auch noch eine

Menge sehr alter Tempel – als erstes Wat Sankratchai (rechts von Fahrtrichtung aus gesehen), dann Wat Intharam (links) und weiter nördlich gelangt man zum Meditationstempel Paknam Phasicharoen, in dem einst der legendäre Mönch Luang Pho Sodh (1884–1959), der Wiederentdecker der populären Dhammakaya-Meditationstechnik, gelebt hat. Es lohnt sich, hier auszusteigen und den Schrein mit der lebensechten Wachsnachbildung des Mönches zu besichtigen.

Nordwestlich von Wat Paknam biegt man ab in Klong Bang Nun Si und passiert Wat Kuhasawan (links). Fährt man den Klong weiter in nördliche Richtung und hält sich immer rechtswendend, so gelangt man über Klong Chak Phra und Klong Bangkok Noi wieder zum Chao-Phraya-Fluss, etwa auf Höhe des Nordendes des Sanam Luang ❷.

Man kann natürlich auch einfach aufs Geratewohl losfahren, denn überall in den Klongs erhält man nachhaltige Impressionen. Auf einer Klongtour kann man sich noch gut vorstellen – erträumen –, wie idyllisch das Bangkok vergangener Tage ausgesehen haben muss.

EXTRATIPP

Stadtflucht, aber wohin? Ko Kret!

Ko Kret ist eine **kleine Insel im Chao-Phraya-Fluss** am Nordrand von Bangkok, die künstlich durch Grabung eines Kanals entstanden ist. Es gibt hier keine Autos, aber dafür viel rustikalen Charme. Entlang der einzigen Fußgängerstraße reihen sich einige romantische kleine Gartenlokale aneinander. Die Insel war früher bekannt für ihre Töpferwaren, heute sind es vor allem die lokalen Süßigkeiten, die viele thailändische Ausflügler anlocken. Bangkok ist nur 30 km entfernt, es scheinen aber Hunderte von Kilometern zu sein.

❯ **Anfahrt per Expressboot** auf dem Chao-Phraya-Fluss in nördliche Richtung bis Pak Kret, dort mit einer Fähre zur Insel übersetzen. Am Pier auf Ko Kret sieht man den schief stehenden Chedi von Wat Paramai Yikawat, der jeden Moment umzukippen scheint. Bis Pak Kret ist auch die Anfahrt per Taxi möglich (ca. 6 € ab Innenstadt).

Parks

Bitte beachten: In thailändischen Parks ist das **Rauchen verboten!**

● 141 [T10] **Benjasiri Park**, neben Emporium Shopping Center, nahe Einmündung Sukhumvit Soi 24, 5–21 Uhr, BTS: Phrom Phong. Der kleine, sehr einladende Park im wohlhabenderen Bereich von Sukhumvit mit kleinem künstlichem See und hübschem Pavillon. Nov.–Juni So. 17–19 Uhr kostenlose Konzert- oder Kulturveranstaltungen.

● 142 [N10] **Lumpini Park**, geöffnet 4.30–21 Uhr, einige Bereiche schließen früher, BTS: Sala Daeng, MRT: Silom oder Lumpini. Benannt nach Buddhas Geburtsort im heutigen Nepal und gut zum Joggen, Bootfahren oder Sonnenbaden geeignet. Die Bürohochhäuser im Hintergrund bilden einen markanten Kontrast zum Grün

des Parks. Der Hauptzugang liegt an der Rama IV. Rd., Ecke Ratchadamri Rd., wo eine imposante Figur von Rama IV. das Geschehen überwacht.

● 143 **Queen Sirikit Park**, im Norden der Innenstadt gelegen, nahe Chatuchak Park, zwischen Kamphaeng Phet 2 und Kamphaeng Phet 3 Rd., geöffnet 5–20 Uhr, BTS: Mochit, MRT: Chatuchak. Das fast unentdeckte Kronjuwel: eine wunderbar gepflegte, ruhige Anlage, die aus einem Golfplatz entstand.

● 144 [F7] **Rommaninart Park**, geöffnet 6–21 Uhr, Anfahrt siehe Wat Suthat **12**. Einst Standort eines Gefängnisses, heute malerischer Mini-Park in der Nähe zahlreicher Sehenswürdigkeiten und an der Ostseite von Wat Suthat **12**. Die einstigen Wachtürme des Gefängnisgeländes stehen noch.

● 145 [D4] **Santichaiprakarn Park**, Phra Arthit Rd., nahe Backpackerstraße Khao San Rd., geöffnet 5–22 Uhr, Bus Nr. 53. Der kleine Park mit gutem Ausblick auf den Chao-Phraya-Fluss befindet sich am weiß getünchten Phra Sumen Fort (erbaut 1783). Die alten Zinnen und Kanonen sind noch gut erhalten. Abends wird das Fort hell angestrahlt, was zu einem romantischen Anblick führt.

● 146 [D7] **Saranrom Park**, Charoen Krung Rd., Ecke Ratchini Rd., geöffnet 5–21 Uhr, Bus Nr. 2, 33, 64. Der hübsche kleine Park liegt in der Nähe von Wat Phra Kaew **1** sowie Wat Po **6** und eignet sich daher gut zur Rast während des Besuchsprogramms. Im Park befindet sich ein Denkmal zu Ehren einer Königin und einer Prinzessin, die 1880 im Chao Phraya-Fluss ertranken. Zwar waren Hofangestellte anwesend, diese konnten jedoch nicht helfen, da das Anfassen der königlichen Hoheiten bei Todesstrafe untersagt war. Zu sehen gibt es weiterhin ein paar hölzerne Pavillons, einen chinesischen Turm samt Gebetsschrein und einen kleinen Teich.

Am Puls der Stadt

003bk Abb.: rk

Bangkok, die Hauptstadt Thailands, ist unangefochten das urbane Zentrum des Landes, was sich auch leicht in Zahlen ausdrücken lässt: Die Stadt beherbergt etwa ein Sechstel der thailändischen Bevölkerung, erstreckt sich aber nur auf einem 160-stel seiner Fläche. Bangkok ist das politische und wirtschaftliche Zentrum des Landes und so mancher verarmter Landbewohner sucht hier sein Glück. Die meisten finden es, denn Arbeit – ob als Essensverkäufer am Straßenrand oder als Fabrikarbeiter – gibt es genug.

Die erst 1782 gegründete Stadt hat geschätzte **11 bis 12 Millionen Einwohner.** Offiziell sind es nur ca. 7 Millionen, aber viele Zuzügler sind nicht im Einwohnermeldeamt registriert und werden von keiner Statistik erfasst. Die meisten Zuwanderer stammen aus dem relativ armen Nordosten des Landes. Wenn irgendein großes Fest ansteht, fahren viele der Migranten zurück in ihre Heimatorte und Bangkok scheint plötzlich um die Hälfte seiner Bewohner beraubt. Die Ausdehnung Bangkoks beträgt ca. 2000 km² und diese gehören mit Sicherheit zu den aufregendsten, chaotischsten und dynamischsten Quadratkilometern der Welt.

Ach ja, und noch einen Rekord hat Bangkok zu bieten: Der offizielle Thai-Name der Stadt ist der **längste Städtename der Welt.** Er lautet „Krungthep-Mahanakhorn-Bowornrattanakosinthara-Mahintarayutthaya-Mahadilok-Popnoppha-Ratchathani-Burirom-Udomratchaniwet-Sanamahasasthan-Amonphimanawatansathit-Sakkathatiya-Vishnukamprasit", zu Deutsch etwa: „Stadt der Engel, die große Stadt des Wohnsitzes der göttlichen Diamanten, die uneinnehmbare Stadt des großen Gottes Indra, die große Hauptstadt der Welt, ausgestattet mit den neun kostbaren Juwelen, die glückliche Stadt, die einen gewaltigen Königspalast ihr Eigen nennt, die der himmlischen Residenz ähnelt, dem der wiedergeborene Gott innewohnt, die Stadt gestiftet von Indra und erbaut von Vishnukarma (dem göttlichen Architekten)."

Der Name wird im normalen Sprachgebrauch einfach zu „Krung Thep" abgekürzt, wörtlich übersetzt **„Stadt der Engel".** Der gesamte Name ist eine poetische, überschwängliche Lobeshymne auf die Stadt. Vor Bangkoks Rathaus ⓯ befindet sich eine Tafel, auf der der Namensbandwurm in Goldlettern eingemeißelt ist. Der weltweit gebräuchliche Name „Bangkok" ist eine Verballhornung von „Ban Makok" („Dorf der Oliven") und bezieht sich auf ein Dorf, das sich einst im Bereich des frühen Bangkoks befand.

Das Antlitz der Metropole

In Reisebeschreibungen europäischer Autoren des 19. und frühen 20. Jh. wurde Bangkok oft als „Venedig des Ostens" bezeichnet. Die Stadt war von zahllosen Klongs – Kanälen – durchzogen, die den Bewohnern als Verkehrswege dienten. Straßen gab es nur wenige, die erste Straße wurde erst 1864 fertiggestellt, und die Bewohner lernten von Kindheit an, mit Paddel und Boot umzugehen. Die Thais waren, wie ein Schriftsteller es beschrieb, „eine aquatische Gesellschaft". Viele Bewohner lebten

◁ *Vorseite: König Rama VI. blickt auf das betriebsame Bangkok auf Flößen, die am Ufer des Chao-Phraya-Fluss ankerten, oder aber in Hütten, die direkt ans oder über das Ufer gebaut waren.*

Ab Mitte des 20. Jh. änderte sich das Stadtbild jedoch dramatisch, der Beton feierte seinen Einzug. 1967 beklagte sich der scheidende britische Botschafter in einem Geheimdossier an seinen Nachfolger, dass Bangkok dabei sei, „eine der hässlichsten Städte der Welt" zu werden. Die so romantisch anmutenden Holzhäuser machten kastenförmigen Betonbauten mit vergitterten Fenstern Platz und die idyllischen Klongs wurden zunehmend mit Straßen überbaut. Da, wo sich heute so manche Hauptstraße befindet, plätscherte einst ein geruhsamer, fischreicher Klong. Ältere Einwohner der Stadt berichten, dass man sich noch bis in die 1960er- oder 1970er-Jahre in Minutenschnelle das Abendessen aus einem Klong fischen konnte. Das ist vorbei, die übrig gebliebenen Klongs sind heute von Abwässern verseucht und ein Gesundheitsrisiko.

Der unablässige Zustrom von Migranten hat Bangkok zu einer Riesenmetropole anwachsen lassen. Die Bauten der jüngeren Vergangenheit befriedigen zwar bezüglich ihrer Zweckmäßigkeit – Bangkoks Infrastruktur ist für ein wirtschaftliches Schwellenland ausgezeichnet –, die Ästhetik ist jedoch weitgehend auf der Strecke geblieben. Beton und Asphalt sowie die allerorts die Straßen überspannenden Stromkabel beherrschen das Stadtbild. Der britische Botschafter hatte mit seiner Voraussage somit durchaus Recht. Oder?

Die Antwort ist ein lautes „Ja" – und ein zartes, sanftes, aber doch sicheres „Nein". Ja, Bangkok ist ein **Betonmonstrum,** an dem scheinbar alle stadtplanerisch nur möglichen Fehler gemacht worden sind. Aber zwischen all den architektonischen Fehlgriffen finden sich noch **zahlreiche Idyllen der Einkehr** und diese bilden einen solch dramatischen Kontrast zum restlichen Einheitsgrau, dass man nach deren Besuch die Stadt mit anderen Augen sieht. Zu diesen Idyllen gehören in erster Linie die etwa 400 *wat* oder **Tempel** der Stadt. Hier entdeckt der Besucher schnell, mit welcher Liebe und Sorgfalt die Thais früherer Jahrhunderte zu Werke gingen, vor allem im sakralen Bereich. Für Buddha war nur das Beste gut genug. Begibt man sich in die Außenbezirke, so eröffnen sich auch dort unerwartete Ausblicke: der eine oder andere (saubere) Klong, Palmenhaine und eine beinah ländliche Atmosphäre.

Der Gegensatz von Alt und Neu, von Schön und Hässlich gebiert in Bangkok eine ungeheure Dynamik – Fotografen bieten sich spannende Motive zuhauf. Zudem ist Bangkok eine **äußerst junge Stadt** – etwa die Hälfte der Bewohner ist nicht älter als 20 Jahre – und das macht sich natürlich im Ambiente der Stadt, in Mode, Restaurants und Nachtleben, stark bemerkbar.

Bangkok liegt am **Chao-Phraya-Fluss,** etwa 40 km nördlich von dessen Einmündung in den Golf von Thailand. Linksseitig (westlich) des Flusses befindet sich der **Stadtteil Thonburi,** einst eine eigenständige Stadt und 15 Jahre lang, vor der Gründung Bangkoks, sogar Landeshauptstadt. Heute ist Thonburi das ruhige, etwas verschlafene Gegenstück zum „eigentlichen", modernen Bangkok, das auf der rechten Flussseite liegt. Dieses moderne Bangkok hat – und das verwirrt so manchen Besucher – **kein konkretes Zentrum.**

Von den Anfängen bis zur Gegenwart

Es begann alles ganz bescheiden. Niemand konnte ahnen, dass aus dem unbedeutenden Dorf Ban Makok einmal eine pulsierende Millionenstadt und ein Zentrum des internationalen Tourismus werden sollte. Ban Makok lag an einer Schlaufe des Flusses Chao Phraya, beherbergte einige chinesische Händler und diente als kleiner Zollposten – ansonsten hatten Geschichtsschreiber nicht viel zu vermerken.

1782 beschloss König Rama I. jedoch, die Hauptstadt von Thonburi auf die andere Flussseite zu verlegen. Für die Wahl von Ban Makok als neuer Hauptstadt sprach, dass man den Ort durch den **Bau von umgebenden Kanälen** gegen Feinde absichern konnte. Die Kanäle dienten als Schutzgräben. Die so entstehende Stadt wurde auch **Rattanakosin-Insel** genannt, denn durch den Fluss und die umgebenden Kanäle befand sie sich nun auf einer künstlichen Insel („Rattanakosin" = „Juwelen-besetzte Stadt des Gottes Indra"). Heute merkt man im Bereich von Rattanakosin allerdings nichts mehr davon, auf Stadtplänen erkennt man aber noch den Inselcharakter des alten Bangkok. Die umgebenden Kanäle sind bis heute intakt, haben aber bestenfalls Zierfunktion.

1238 Das Königreich von Sukhothai, das erste Königreich der Siamesen (Thais), wird begründet.

1351 Ayutthaya wird die Hauptstadt des mittlerweile stark expandierenden Königreichs.

1767 Zerstörung Ayutthayas durch die Burmesen und nachfolgend der Zerfall des siamesischen Reiches

1768 Verlegung der Hauptstadt nach Thonburi (heute ein Stadtteil Bangkoks am westlichen Ufer des Flusses Chao Phraya) durch General Taksin, dem es zudem gelingt, Siam wieder zu vereinen.

6. April 1782 König Rama I. ruft zu einem von Astrologen bestimmten Zeitpunkt die kleine Siedlung Ban Makok am anderen Ufer des Chao Phraya zur neuen Hauptstadt aus. Auf einem gegen Hochwasser geschützten Hügel lässt er sich einen Palast errichten. Chinesische Händler, die sich an der Stelle niedergelassen hatten, werden außerhalb der damaligen Stadtgrenze neu angesiedelt, im Bereich der heutigen Chinatown.

Mitte des 19. Jh. Europäische Händler und Abgesandte strömen nach Bangkok. König Rama III. (reg. 1824–51) beauftragt Europäer mit leitenden Funktionen. Die Fremden, etwa 1000 an der Zahl, siedeln sich im Bereich der heutigen Sathorn Road an. „Ban Makok" vereinfachen sie zu „Bangkok".

1863–1864 Aufgrund von Klagen ausländischer Geschäftsleute wird die erste Straße der Stadt angelegt, die Thanon („Straße") Charoen Krung [F/G8], „Straße in der wohlhabenden Stadt", auch „New Road" genannt. Die Straße verläuft vom Ostrand von Rattanakosin Island zum heutigen Stadtteil Yannawa, immer in relativer Nähe zum Fluss.

1932 Staatsstreich, der Siam von einer absoluten in eine konstitutionelle Monarchie verwandelt. Der Putsch ist der erste von bisher 18 Staatsstreichen, die Thailand in den folgenden Jahrzehnten erleben wird. Die erste Brücke über den Chao Phraya, die Phra-Phutta-Yodfa-Brücke (engl. *Memorial Bridge*) wird eröffnet.

▷ *Der „kruth" oder Garuda: das königliche Symbol ziert zahlreiche öffentliche Gebäude*

Kunterbuntes Völkergemisch – die „New Road" 1892

*In seinem Buch „Le Tour de Monde",
veröffentlicht 1894, zeichnet der Franzose Lucien Fournereau ein lebhaftes
Bild der „New Road", die zu einer Art
multikulturellem Treffpunkt geworden war:*

*„Auf dieser schmutzigen Straße bewegt sich eine bunte Menge einher,
eine, die ihr in Sachen Schmutzigkeit
nicht nachsteht: Siamesen, bekleidet
mit Lendenschurzen, drängen sich Seite an Seite mit Chinesen in deren Nationalkostümen, manche reich, manche
in Lumpen, denn hier stoßen die Geldsäcke auf die armen Teufel ... Dann
kommen die Hindus, die, vom frühen Morgen an, die Straße auf und ab
marschieren, um sich zur englischen
Vertretung zu begeben - ihre Nasen
scharf geschnitten, ihre Bärte buschig,
so sind sie mit einem roten Turban*
*oder mit einer Bastkappe bekleidet,
und eng umhüllt in vielfarbig-karierten Kleidern ... Bangkok, ein wahrer
Turm von Babel, ist eine absolut kosmopolitische Stadt: Alle Rassen Asiens
sind vertreten; was die Europäer angeht, so umfasst deren Kolonie, in Reihenfolge ihrer Wichtigkeit, Engländer,
Deutsche, Italiener, Dänen, Holländer,
Portugiesen, Franzosen und schließlich Spanier; alle Sprachen, oder fast
alle, werden hier gesprochen. Wir wollen hinzufügen, dass alle diese Völker
ihre Traditionen bewahrt haben, ihre
Religion, ihre Bräuche - eine Tatsache, die nur zur großen Bedeutung
dieser Stadt beiträgt."*

*(Die Bangkok-Kapitel aus Fournereaus Buch sind in Englisch unter dem
Titel „Bangkok in 1892" bei White Lotus Co. erschienen.)*

1939 Siam wird in Thailand umbenannt.
Die alte siamesische Flagge – ein weißer
Elefant auf rotem Hintergrund – macht
der thailändischen Trikolore Platz: Das
Weiß darauf symbolisiert die Religion,
Rot die Nation und Blau die Monarchie.

1939–1945 Im Zuge des 2. Weltkriegs
wird Thailand von den Japanern besetzt,
die Thailand zwingen wollen, gegen die
Alliierten zu kämpfen. Thailand zieht sich
diplomatisch aus der Affäre. Bangkok
wird dennoch von amerikanischen Bombern unter Beschuss genommen.

1973 Demonstrationen gegen die herrschende Militärregierung an der Thammasat-Universität in Bangkok, diese
werden blutig niedergeschlagen. Bis
1992 wird Thailand von diversen Militärs regiert.

1976 Weitere Demonstrationen, die in brutalen Massakern enden und eine ultra-

rechte Regierung an die Macht bringen. Viele Studenten und Intellektuelle wandern in den Untergrund ab und schließen sich kommunistischen Rebellen an.

1980–1992 Unter den Premierministern Prem Tinsulanonda und Chatichai Choonhavan erlebt Thailand einen Wirtschafts- und Bauboom. Das Land wird den sogenannten „asiatischen Tigern" zugerechnet.

1992 Demonstrationen gegen den von Militärs einberufenen Premierminister, wiederum mit blutigem Ende, sie setzen aber auch konstitutionelle Änderungen in Gang.

1997 Die südostasiatische Wirtschaftkrise wirkt sich besonders schmerzhaft in Thailand aus. Starker Wertverfall des Baht.

1999 Eröffnung des Skytrain.

2001 Der Telekom-Magnat Thaksin Shinawatra und seine „Thai Rak Thai"-Partei („Thais lieben Thais") gewinnen die Parlamentswahl. Thaksins populistische Politik beschert ihm den bisher größten Wahlsieg in der thailändischen Geschichte.

2002–2005 Thaksins Popularität steigt weiter, bald sieht er sich jedoch Vorwürfen der Korruption, Vetternwirtschaft und Steuerhinterziehung ausgesetzt.

2005 Einweihung der U-Bahn

2006 Staatsstreich, der Premierminister Thaksin entmachtet und eine politisch sehr unstabile Phase einleitet, mit zum Teil gewaltsamen Demonstrationen von Thaksin-Gegnern und Thaksin-Anhängern

2010 Die politischen Differenzen münden in monatelangen Demonstrationen. Thaksins Anhänger, die „Rothemden", besetzen Teile der Innenstadt. Sie legen einen großen Teil der Innenstadt lahm. Als sie schließlich durch das Militär vertrieben werden, kommt es zu ca. 90 Toten und die „Rothemden" brennen Bangkoks größtes Shoppingcenter, CentralWorld, nieder.

2011 Thailand bekommt eine neue Regierung, an die Macht gelangt die PTP (Phuea Thai Party), die vom Ex-Premier Thaksin aus dem Ausland dirigiert wird. Seine Schwester Yingluck, politisch unbedarft und kaum in der Lage, einen sinnvollen Satz zu äußern, wird Premierministerin. Ende des Jahres kommt es in Zentral-Thailand zu Überschwemmungen, die auch Teile Bangkoks erreichen. Verschlimmert wird die Lage durch die Inkompetenz der Regierung.

2012 Thailands politische Situation scheint vorerst beruhigt, es zeichnen sich jedoch dunkle Wolken am Horizont ab. Die Regierung will ihrer Leitfigur Thaksin eine Amnestie verschaffen, was ein Garant für weitere Unruhe im Land wäre.

2013 Durch die populistische Politik der regierenden Phuea Thai Party droht das Land finanziell auszubluten und die Wirtschaftslage verschlechtert sich.

Leben in Bangkok

Als unangefochtenes Wirtschafts-, Transport-, Entertainment- und politisches Zentrum zieht Bangkok Millionen von thailändischen Zuwanderern aus der Provinz an, ebenso aber auch zahlreiche ausländische Geschäftsleute und Diplomaten, Journalisten, Schriftsteller, Fotografen, Künstler, Lebenskünstler, Rentner – und dubiose Charaktere, auf die in ihrer Heimat ein Haftbefehl wartet. Niemand kann genau sagen, wie viele Westler („farang" auf Thai) permanent in Bangkok leben, nach meiner persönlichen Schätzung sind es vielleicht 30.000–40.000.

▷ *Feierabend: Angestellte strömen aus ihren Büros in die spätnachmittägliche Silom Rd. [L11]*

So mancher Ausländer, der nur auf eine Stippvisite nach Bangkok kam, lebt auch heute noch dort – einfach „hängen geblieben", weil das Leben dort, trotz bzw. wegen des oft unausweichlichen Chaos, ungleich spannender ist als in der alten Heimat. Es ist Herausforderung und Abenteuer zugleich, mit so manchen Höhen und Tiefen, mit Erste-Welt-Luxus und Dritte-Welt-Schlendrian. Für manche ist es auch eine nimmer endende Party. Zahllose westliche Rucksackreisende, die nicht mehr weg wollten, verdingen sich heute als Englischlehrer in mehr oder weniger gut angesehenen Schulen, teils legal, teils illegal, oft mit magerer Bezahlung. Der Zustrom reißt auch trotz der jüngsten politischen Unsicherheiten in Thailands nicht ab. Was ist Bangkoks Geheimnis?

„Selbst der bitterste Misanthrop kann nicht umhin zu spüren, dass in der Atmosphäre Bangkoks, eingeflochten in all den Trubel und die Dynamik des täglichen Lebens, ein treibendes und wohliges Gefühl von mehr als bloßer Zufriedenheit existiert – von ungewöhnlicher Heiterkeit und Glück" – so schrieb 1928 Erik Seidenfaden in seinem „Guide to Bangkok". Seit der Veröffentlichung dieses frühen Bangkok-Reiseführers hat sich in der Stadt natürlich viel getan. Es ist eine moderne Metropole, die in vielen Bereichen den Vergleich mit westlichen Metropolen nicht zu scheuen braucht. Was sich jedoch nicht oder nur wenig geändert hat, sind die **thailändische Leichtigkeit und Heiterkeit**, die das Leben so spielerisch erscheinen lassen. Hinzu kommt eine stark ausgeprägte Toleranz und ein tief sitzender **Hedonismus**. Der Hang zum Spaß, zu Amüsement oder Genuss jeglicher Art ist integraler Bestandteil der thailändischen Psyche.

Kratzt man ein wenig an der Oberfläche, so findet man ernste Hintergründe für diesen Hedonismus: Die thailändische Gesellschaft war von Anbeginn eine stark **hierarchische Gesellschaft**, in der eine kleine privilegierte Oberschicht über das gemeine Volk herrschte. Ganz oben stand das Königshaus, gefolgt vom Adel, den reichen Landbesitzern und den korrupten, geldhungrigen Beamten. Das gemeine Volk betrieb Landwirtschaft und hatte den Oberen gegenüber nicht viel zu melden – ein Teil des Volkes war sogar versklavt. Die Sklaverei wurde erst 1912 endgültig abgeschafft. Das Wort Sklave oder *thaat* ist bis heute eine schwere Beleidigung in Thailand, ebenso das Deuten mit dem Finger auf Personen, da auf diese Weise früher Machthabende auf Sklaven zeigten.

Die thailändische Gesellschaft war und ist eine Pyramide mit starken hierarchischen Strukturen, in der die Wenigen „oben" Druck nach „unten" ausüben, der kontinuierlich weitergeleitet wird. Die Unterschicht – und dies war immer die große Mehrheit der Bevölkerung – machte das Beste aus ihrer Situation: *Don't worry, be happy!* Andere Völker hätten möglicherwei-

030bK Abb.: r k

se eine blutige Revolution angezettelt, die Guillotinen heiß laufen lassen, doch das wäre den stark vom **Buddhismus** und zum Teil auch vom **Fatalismus** geprägten Thais nicht in den Sinn gekommen. Stattdessen fanden sie Ausgleich im Hedonismus und machten sich das Leben so angenehm, wie es die Verhältnisse erlaubten. Die negativen Seiten dieser Haltung äußern sich in einer gewissen Oberflächlichkeit (Leichtigkeit?) und dem Widerwillen, über sich und seine Situation oder auch über die thailändische Gesellschaft als ganze zu reflektieren. Intellektuelle Betätigungen oder Hobbys werden nur von einer Minderheit von Thais gepflegt. Fast könnte man mutmaßen, diese Haltung sei von der herrschenden Klasse geschürt und gesteuert worden, um gegebene Machtverhältnisse nicht zu gefährden.

Bis heute hat sich an den strengen Hierarchien nicht viel geändert – erstaunlich für ein Land, das in anderer Hinsicht so fortschrittlich ist. Die

☐ *Für ein paar Baht können fromme Buddhisten die Vögel aus den Käfigen freilassen und verdienen sich so Bonuspunkte für die Wiedergeburt*

Macht ist heute in erster Linie die Macht des Geldes: Wer Geld hat, kann die Gesetze zu seinen Gunsten biegen oder außer Kraft setzen und ist praktisch unantastbar. Die **Korruption** sitzt tief. Gemäß Transparency International (www.transparency.org), einer Organisation, die weltweit den Grad der Korruption misst, belegte Thailand 2011 einen schlechten 80. Platz, gleichauf mit El Salvador.

Neben dem milden Charakter der Thais macht Bangkoks **gute Infrastruktur** das Leben in der Stadt angenehm. Wohnraum ist im Überfluss vorhanden und preiswert: Wer ein Apartment sucht, kann innerhalb von einer Stunde in dem von ihm gewählten Viertel fündig werden. Ab 120 oder 150 € Monatsmiete gibt es Apartments, die auch einen Europäer zufriedenstellen. Am oberen Ende der Skala stehen Luxusapartments für 1000 € oder mehr. Ein durchschnittlicher thailändischer Angestellter oder Arbeiter wird monatlich nicht mehr als 40–60 € für seine Wohnung ausgeben. Nicht minder groß ist das Essensangebot, Essen gibt es rund um die Uhr und zu Niedrigpreisen. Taxis sind so billig, dass man mit westlichem Einkommen nie einen Bus zu benutzen braucht: Eine Taxifahrt von 6 km kostet etwa so viel wie der billigste Busfahrschein in Deutschland.

Berühmt-berüchtigt sind Bangkoks **Verkehrsstaus.** An manchen Tagen oder zu manchen Tageszeiten verkeilen sich die schmucklosen Hondas, Toyotas und Nissans zu einem grau-silbrigen Meer aus Blech. In den letzten Jahren hat sich die Situation durch den Bau von Hochstraßen und Expressways allerdings deutlich verbessert. Eine weitere Entlastung bildet der Skytrain oder BTS (Bangkok Transport System), die Hochbahn, deren Streckennetz in Zukunft noch ausgebaut werden soll. Wer sich in Bangkok auskennt, meidet Fahrten zu den folgenden Tagen oder Zeiten: freitags zwischen 17 und 20 Uhr, dabei ganz besonders Freitage, die auf ein Monatsende fallen (Zahltag!), weiterhin den letzten Abend vor längeren Feiertagsperioden und den ersten Morgen nach den Feiertagen. Starke Regenfälle lassen den Verkehr ebenfalls stocken. Das schlimmste Szenario: Wenn ein Freitag auf einen Zahltag fällt und am Abend schüttet es aus Eimern – ein verkehrstechnischer Super-GAU ist garantiert.

Nicht allzu viele Sorgen zu machen braucht sich ein Bewohner Bangkoks um seine **Sicherheit**, zumindest in den besseren Stadtteilen. Im Vergleich zu Millionenstädten in der westlichen Hemisphäre ist Bangkok sehr sicher. Gewalt um ihrer selbst willen, mutwilliges Zerstören von fremdem Eigentum oder Schlägereien aus heiterem Himmel sind fast unbekannt. Es besteht durchaus eine latente Gewaltbereitschaft in Thailand, allerdings muss für den Ausbruch ein konkreter Grund vorliegen, z. B. der „**Gesichtsverlust**" einer Person. Das Konzept des „Gesichts" – wir könnten es auch „Ehre" nennen – ist von kaum zu unterschätzender Bedeutung in Thailand. Eine bewusste Beleidigung kann schlimme Folgen nach sich ziehen. In Streitfällen ist es immer besser, kleinlaut beizugeben als große Töne zu spucken. Kritik und Beschwerden sind höflich und sachlich vorzubringen, viele Thais verkneifen sie sich sogar ganz.

In den ärmlichen Vororten, die Touristen oder in Bangkok lebende Westler kaum jemals besuchen werden, ist es nicht ganz so gut um die Sicherheit bestellt. Zahlreiche Jugendliche, vor allem in der Unterschicht,

konsumieren *yaa-baa* („Verrückte Medizin"), ein süchtig machendes Amphetamin. Die Pillen kosten 5 bis 7,50 €, viel Geld für einen Klein- oder Garnichtverdiener. Handtaschenraub oder Überfälle kommen in den dunklen Gassen dieser Vororte vor. Ein weiterer Grund zum Diebstahl kann der oben angeführte Hedonismus sein, denn oft wird mehr ausgegeben als hereinkommt – dies ist wohl die unweigerliche Schattenseite eines oft bewundernswert sorglosen Lebensstils.

Rothemden kontra Gelbhemden

Nach Wahlen im Jahre 2001 wurde eine schillernde Persönlichkeit thailändischer Premierminister: der Geschäftsmann **Thaksin Shinawatra** (geb. 1949), der mit seiner Telekommunikationsfirma AIS Milliardär geworden war. Thaksin aber hatte höhere Ambitionen. Er gründete 1998 die „Thai Rak Thai"-Partei (TRT, „Thais lieben Thais") und seine populistischen Programme ließen ihn in weiten Teilen der Unterschicht zu einer Art Volksheld werden. Es dauerte jedoch nicht lange, bis vielen schwante, dass Thaksin in erster Linie seine eigenen Interessen im Sinn hatte. Indizien deuteten auf **Korruption** unerhörten Ausmaßes und **Amtsmissbrauch** hin. International in Verruf kam Thaksin durch seinen „Krieg gegen die Drogen", in dem 2500 vermeintliche Drogenhändler außergerichtlich exekutiert wurden. Sie wurden einfach von Killerkommandos erschossen – dies war auch eine gute Methode, Gegner Thaksins aus dem Weg zu räumen.

Rothemden kontra Gelbhemden

2006 wurde Thaksin, der sich gerade im Ausland aufhielt, durch einen unblutigen **Militärputsch** seines Amtes enthoben. Thaksin hatte sich unter den Militärs und möglicherweise auch im Königshaus zahlreiche Feinde geschaffen. Der ehemalige Premierminister wurde in Abwesenheit zu einer Gefängnisstrafe verurteilt.

Der Putsch löste eine bittere Periode in Thailands Geschichte aus, in der sich das Land zunehmend **in Thaksin-Anhänger und Thaksin-Gegner aufspaltete.** Die Thaksin-Gegner erschienen zu ihren Demonstrationen in gelben Hemden – Gelb ist die Farbe, die mit dem thailändischen König assoziiert wird. Die Thaksin-Anhänger kleideten sich daraufhin in rote Hemden. Es kam zu anarchistischen Zuständen, in denen unter anderem Bangkoks Flughäfen besetzt wurden (von Gelbhemden) und ein ASEAN-Treffen in Pattaya überrannt und gestoppt wurde (von Rothemden).

Ihren Höhepunkt erreichten die Ausschreitungen, als Rothemden 2010 wochenlang die Ratchaprasong-Kreuzung belagerten und damit eines der wichtigsten Geschäftszentren der Stadt lahmlegten. Schließlich brannten sie Teile des Central Department Store und andere Gebäude nieder. Das Militär setzte dem Spuk ein Ende. Angesichts des Kugelhagels und schwarzen Rauches der brennenden Gebäude schien Bangkok ein zweites Mogadischu werden zu wollen. Die Rothemden hatten vorher gewarnt: „Wenn jeder von uns einen Liter Benzin mitbringt, können wir ganz Bangkok niederbrennen."

Bei den **Parlamentswahlen 2011** bekam die von den Rothemden unterstützte und von Thaksin aus dem Ausland gesteuerte Phuea Thai Party (PTP) die Mehrheit. Thaksins Schwester Yingluck, bis dahin nominell Direktorin in einer von Thaksins Firmen, wurde **Premierministerin.** Sie kann zwar keine politische Erfahrung vorweisen und verfügt, wie schnell festzustellen war, über keinen bemerkenswerten Intellekt, dafür ist sie attraktiv, in Thailand ein wichtiger Faktor.

Yinglucks Kabinett hat kaum mehr Kompetenz vorzuweisen als sie selber und einige dubiose wirtschaftliche Entscheidungen sorgen dafür, dass Thailands Wirtschaft mehr schlecht als recht dahindümpelt. Mindestens genauso fraglich war der Plan der Regierung, Yinglucks Ziehvater **Thaksin eine Amnestie zu verschaffen.** Das rief die Gelbhemden auf den Plan, die bis dahin beinah in der Versenkung verschwunden schienen. Sie belagerten das Parlament, um es daran zu hindern, die Thaksinfreundlichen, für seine Amnestie notwendigen Verfassungsänderungen durchzubringen. Die Parlamentssitzung wurde abgebrochen, da abzusehen war, dass hier eine Lunte gelegt würde, die Thailand wieder zur Explosion bringen könnte. Die PTP jedoch will weiterhin auf eine Amnestie Thaksins hinarbeiten.

Und so besteht sie weiter, die **große Kluft in Thailands Gesellschaft,** und kaum ein Thai glaubt, dass sich die Lage in naher Zukunft bessern wird. Besondere Furcht verbreitet der Gedanke an das Ableben des seit langem kränkelnden Königs. Mit seinem Dahinscheiden könnten sich die Risse in der Gesellschaft vertiefen. Thailand wird eine ganz neue Form des Zusammenlebens finden müssen oder tiefer in den Dritte-Welt-Morast sinken.

Bangkok entdecken

004bk Abb.: rk

Die Sehenswürdigkeiten der Stadt sind in erster Linie die Tempel („Wat"), von denen einige zu den schönsten Bauwerken Thailands gehören. Die wichtigsten Tempel befinden sich alle relativ nah beieinander im alten Stadtkern bzw. direkt gegenüber am anderen Flussufer. Die hier vorgenommene Reihenfolge der Sehenswürdigkeiten ist so gestaltet, dass mehrere Sehenswürdigkeiten auch zusammen als Tour besucht werden können. Mithilfe des Stadtplans kann man die Tour aber auch beliebig umstellen.

Der alte Stadtkern: Rattanakosin Island

Das Streckennetz von Skytrain oder U-Bahn erreicht dieses Viertel nicht. Wer im Touristenviertel Khao San Road wohnt, kann alle in diesem Kapitel folgenden Sehenswürdigkeiten zu Fuß erreichen. Ansonsten nähert man sich mit Taxi, Tuk-Tuk oder Bus.

❶ Wat Phra Kaew und Grand Palace ★★★ [D7]

Wat Phra Kaew („Kaew" sprich „Gäo") ist Thailands atemberaubendster Tempelkomplex und der Standort des legendären „Emerald Buddha" (Smaragd-Buddha), der heiligsten Buddha-Figur des Landes.

Der Ursprung des **Emerald Buddha** ist rätselhaft. Der Legende nach schufen Götter die Figur und überließen sie einem heiligen indischen Mann namens Nagasena. Von Indien soll die Statue über Sri Lanka nach Thailand gelangt sein. Als gesichert gilt, dass der Emerald Buddha 1434 in Chiang Rai unter einer Gipshülle zum Vorschein kam, die durch einen Blitzschlag zerstört worden war. Von jener Zeit an sprach man dem Bildnis allergrößte Heiligkeit zu.

Die Thais verknüpfen mit ihm das Schicksal des Landes. 1778 ließ General Taksin die Figur nach Thonburi bringen. Dort stand sie im Wat Arun ❷⓼, bis sie 1784 ihre endgültige Bleibe hier im Wat Phra Kaew fand. Aufgrund des Emerald Buddha ist der Tempel das **spirituelle Herz Thailands**. Vor der Figur werden auch Eide abgelegt – wer vor ihr lügt, so besagt der Volksglaube, wird zugrunde gehen. Seinem Namen zum Trotz besteht der nur 75 x 45 cm große Buddha aus Jade. Er ist auf einem **prunkvollen, 11 m hohen Altar** platziert, vor dem die Gläubigen beten, und von zehn Buddha-Statuen umgeben.

EXTRATIPP

Praktischer Bus Nr. 53

Falls Sie im Touristenviertel um die Khao San Road, Soi Rambutri oder Samsen Road wohnen, ist dies die günstigste Buslinie, um zu den wichtigsten Sehenswürdigkeiten um Wat Phra Kaew ❶ und den Sanam Luang ❷ zu gelangen. Von Norden aus kommend fahren die rot-beigen Busse über die Samsen Rd. und Phra Arthit Rd. zu den beiden genannten Sehenswürdigkeiten, passieren aber auch das Nationalmuseum ❸, Wat Mahathat ❹ und Wat Po ❻. Dann fahren sie weiter ins indische Viertel Pahurat (Pahurat Rd., nahe Old Siam Plaza) und nach Chinatown (Fahrpreis knapp 15 Cent).

◁ *Vorseite:*
Der majestätische Wat Arun ❷⓼

Was ist ein Chedi?

Chedi ist die thailändische Bezeichnung für einen Stupa. Stupas waren in Indien in vorbuddhistischer Zeit Grabhügel. In der buddhistischen Architektur wurden daraus **halbkugel- oder glockenförmige Ziegel- oder Steingebilde**, in denen **Reliquien** eingemauert wurden. In vielen Stupas werden angeblich Teile der Gebeine oder Asche Buddhas aufbewahrt, was ihnen besondere Heiligkeit verleiht.

Das Gelände um den Buddha-Schrein ist ein ausuferndes Kunstwerk aus im Sonnenlicht blitzenden, **goldenen Chedis** (Stupas) und mosaikgeschmückten Prachtbauten. Verstreut über das Gelände finden sich **zahlreiche Statuen** von Dämonen *(yak)* und göttlichen Feenwesen *(kinnari).* Nirgends in Thailand hat man überschwänglicher für den Glauben gebaut als hier. Die vielen **faszinierenden Wandgemälde**, die Episoden aus der Geschichte Bangkoks und des Buddhismus darstellen, entstanden unter König Rama III. Die hohe Luftfeuchtigkeit setzte den Gemälden jedoch zu und sie mussten später restauriert werden. Dabei unterliefen Fehler und die einstige Perfektion der Gemälde ging zum Teil verloren.

Südlich an den Tempelkomplex schließt sich der **Grand Palace** an, der ursprüngliche **Königspalast**. Neben den prachtvollen Tempelanlagen erscheint er beinahe schlicht. Der Palast wurde bei der Gründung von Bangkok von König Rama I. nach dem Vorbild eines alten Palastes in der ehemaligen Hauptstadt Ayutthaya erbaut. Der Großteil des Baus bestand aus Holz und schon zu Zeiten von Rama III. war der Palast teilweise der Luftfeuchtig-

keit und den Termiten zum Opfer gefallen. Rama III. ordnete somit einen Neubau aus Stein an. Die **eigenwillige Stilmischung** ist wohl dem zuständigen englischen Architekten zuzuschreiben, der ein Faible für die italienische Renaissance hegte, dem Gebäude aber auch typisch thailändische Türme aufsetzte. Das Innere des Palastes ist für Besucher nicht zugänglich, er wird nur noch gelegentlich für königliche Zeremonien verwendet.

Die gesamte Anlage von Tempel und Palast umfasst beachtliche 20 Hektar und ist von einer weiß getünchten, mit Zinnen versehenen **Mauer** umgeben. In ihrem Umfeld treiben leider auch viele Touristennepper ihr Unwesen, hier mehr als irgendwo anders in Bangkok (siehe Exkurs).

> Na Phralan Rd., Tel. 02 2228181, 8.30 – 16 Uhr, Eintritt ca. 12,50 € (Kinder 9 €), inkl. Informationsbroschüre, berechtigt auch zum Besuch von Vimarnmek Palace ㉔ und dem Textilmuseum Queen Sirikit Museum of Textiles am Eingang zum Grand Palace ❶. Zum Besuch ist ordentliche Kleidung angesagt, keine ärmellosen Hemden, Sweatshirts, kurzen Hosen, Gummilatschen o. Ä. Bus Nr. 2, 6, 9, 32, 33, 43, 44, 47, 53, 60, 64, 140, AC 3, 60, 507, 508, Expressboot Phra Chan Pier.

❷ Sanam Luang ★　　[D6]

Die große, vor Wat Phra Kaew ❶ gelegene Rasenfläche ist der Sanam Luang („Hauptplatz"), auf dem zum Teil **königliche oder buddhistische Feierlichkeiten** stattfinden, so z. B. die „Königliche Zeremonie des Pflügens" *(Ploughing Ceremony).* Dieses alte brahmanische Ritual findet vor der Regenzeit statt. Anhand der Reaktion von Büffeln auf bestimmte Speisen, die ihnen geboten werden,

Auf den Fersen der Touristen: Nepper, Schlepper, Bettler

Ein besonderes Phänomen macht sich bei einem Besuch in Bangkok schnell bemerkbar: An jeder Touristenattraktion finden sich zahlreiche Zeitgenossen, die auf mehr oder weniger unlautere Weise an den Touristen verdienen wollen. Vielerorts finden sich Schlepper, die die Touristen in irgendein Geschäft locken wollen, das ihnen eine gute Kommission verspricht, die Touristen dafür aber oft über den Leisten zieht.

Zu den Schleppern gehören auch viele Tuk-Tuk-Fahrer, die „Stadtrundfahrten" für absurde Minimalbeträge anbieten (10–20 Baht o. Ä.), die Passagiere dann aber schnell in ein Geschäft bugsieren, wo der Tuk-Tuk-Fahrer sofort eine Belohnung in Form eines Tankstellengutscheins erhält.

__Merken Sie sich eine ganz einfache Faustregel:__ Thais, die Sie auf der Straße in der Nähe von Touristenattraktionen ansprechen, sind mit 99-prozentiger Gewissheit Schlepper. Thais sind in der Regel sehr zurückhaltende Menschen und kaum jemand spricht einen Fremden auf der Straße an – es sei denn, es liegt ein Notfall vor o. Ä.

Daher kann und sollte man Personen ignorieren, die beim Vorbeigehen banale Fragen stellen wie „Where do you go?" oder „Where do you come from?" Dies ist der typische Beginn einer Neppaktion. Wird man von jemandem angesprochen, der behauptet, die Sehenswürdigkeit XYZ, zu der man gerade unterwegs ist, sei heute geschlossen, so ist auch dies nichts anderes als ein Abfangversuch. Der Ansprecher will den Besucher an einen anderen Ort locken und ehe man sich versieht, befindet man sich in irgendeinem überteuerten Geschäft. Die Tuk-Tuk-Fahrer,

die die Schlepper scheinbar „zufällig" heranwinken, sind Komplizen. Auch von „offiziell" aussehenden Namensschildern oder Ausweisen darf man sich nicht blenden lassen. So etwas kann man sich in Thailand problemlos für wenige Cent drucken lassen.

Die Sache ist im Grunde ganz einfach: Man sollte auf solche Ansprechversuche gar nicht reagieren und __einfach wortlos weitergehen.__ Thais, die grundlos angesprochen werden, reagieren ebenfalls nur durch stures „Hindurchsehen". Die Sorge, auf diese Weise als unhöflich aufzufallen, ist daher unbegründet. Weitere Regeln:

> *Personen ignorieren, die für einen __„guten Zweck"__ Geld sammeln.*

> *__Bettler,__ die sich auf den Fußgängerüberwegen in der Innenstadt platziert haben, sind in der Regel Kambodschaner, die von kriminellen Banden ins Land geholt und zum Betteln ausgesandt werden. Wenn man den Bettlern Geld gibt, unterstützt man damit nur die Banden.*

> *__„Mönche",__ die Touristen ansprechen und um Geld bitten, sind in Wirklichkeit nur Scheinmönche. In den meisten Fällen sind es Chinesen, die mit Touristenvisa einreisen und sich dann als chinesische Mönche verkleiden. (Die Roben unterscheiden sich von denen der thailändischen Mönche.) Abends wird die Mönchskutte abgelegt und die „Mönche" geben sich nur allzu weltlich. Immer daran denken: Buddhistischen Mönchen ist das Betteln um Geld streng untersagt. Mönche dürfen bei ihren frühmorgendlichen Almosengängen nur Essen oder Gebrauchsgegenstände annehmen.*

051 bk Abb.: rk

❸ Nationalmuseum
(National Museum) ★★ **[C5]**

An der Westseite des Sanam Luang ❷ befindet sich das Nationalmuseum, **eines der umfangreichsten Museen Asiens.** Ausgestellt sind Funde aus der Vorgeschichte ebenso wie Objekte aus der Bangkok- oder Rattanakosin-Periode (1767–1932). Das Museum vermittelt einen Überblick über die kunsthistorischen Epochen des Khmer- und Mon-Stils, des Sukhothai-, Ayutthaya- und Bangkok-Stils. Neben kunstvollen Buddha-Statuen und Reliefs finden sich auch Waffen, Masken, Marionetten, Kleidungsstücke, Musikinstrumente, Holz- und Porzellanarbeiten, Elefantensitze, Königsbarken und vieles mehr.

werden Prophezeiungen über die zu erwartende Ernte gemacht. Der Platz dient auch zur Einäscherung von Mitgliedern der Königsfamilie.

Von Februar bis Mai vergnügt man sich hier mit Drachenflugwettkämpfen. Ansonsten ist der Sanam Luang ein **beliebter Erholungsort,** an dem man sich zu einem Nickerchen oder einem Schwatz einfindet. Die am Rand des Platzes unter den dortigen Tamarindenbäumen stehenden Damen haben jedoch anderes im Sinn – es sind Prostituierte, die sogenannten „Geister des Tamarindenbaumes" (*phiimakhaam*). Sie sind seit Jahrzehnten traditioneller Bestandteil des Sanam Luang. An seiner Nordostseite, entlang Klong Lod, findet täglich eine Art bescheidener **Flohmarkt** statt. Verkauft werden hier meist Buddha-Amulette (schräg gegenüber Royal Hotel).

❯ Bus Nr. 2, 4, 16, 19, 30, 44, 47, 53, 123, 124, 189, 201, 203, AC 44, 59, 69, 70, 80, 82, 9, 503, 507

Das Museum steht auf dem Gelände des ehemaligen Palastes des „Zweitkönigs", der üblicherweise ein enger Verwandter des Königs war. Darauf befinden sich einige Tempelgebäude, darunter **Wat Buddhaisawan,** der eine Buddha-Figur aus der Sukhothai-Periode (13.–14. Jahrhundert) und einige der eindrucksvollsten Wandgemälde der Bangkok-Periode umfasst.

Im nördlich anschließenden **Nationaltheater** werden gelegentlich klassische thailändische Theaterstücke aufgeführt, seltener Stücke westlicher Autoren. Am letzten Freitag und Samstag des Monats werden Darbietungen von klassischem thailändischem Theater oder klassischer Musik geboten (Tel. 02 2241342).

❯ Na Phrathat Rd., www.thailandmuseum.com, Mi.–So. 9–16 Uhr, Führung auf Deutsch: Do. 9.30 Uhr, Führungen auf Englisch: Mi. u. Do. 9.30 Uhr, Eintritt ca. 1 €, Bus Nr. 3, 15, 30, 32, 53, 59, 70, 201, Expressboot Phra Chan Pier

⌂ *Vorsicht Nepper: Nie Tuk-Tuks nehmen, die am Straßenrand auf Passagiere warten, sondern immer nur Tuk-Tuks, die gerade vorbeifahren*

❹ Wat Mahathat ★★ [C6]

Der Ursprung dieses Tempels soll bis ins 14. Jh. zurückreichen und er ist das **Zentrum des größten buddhistischen Ordens** des Landes, des *Maha-Nikai,* der 1833 von Prinz Mongkut (später König Rama IV.) gegründet wurde. Mongkut verbrachte 27 Jahre seines Lebens als Mönch, teilweise als Abt von Wat Mahathat. Als Ende des 20. Jahrhunderts das thailändische Rote Kreuz gegründet wurde, machte es den Tempel zu seinem ersten Hauptquartier.

Die heutige Anlage geht auf den „Zweitkönig" in der Amtsperiode Rama I. im 18. Jh. zurück. Im Inneren der Anlage befindet sich eine Art Hof, der die **drei Hauptgebäude** umfasst: eine Gebetshalle *(bot),* eine Versammlungshalle *(viharn)* und einen Pavillon *(mondop).* Reihen von Buddha-Figuren ringen sich um den Innenhof, der in einer Ecke sogar von einem hübschen kleinen **Palmengarten** geziert wird. Wie so oft zeigt sich Bangkok in seinen Tempelkomplexen von seiner charmantesten Seite.

Wat Mahathat fungiert heute vor allem als eine Art **Lehrstätte,** in der Mönche unter anderem in Meditation unterrichtet werden. Der Palmengarten und die Bäume auf dem Gelände sind der Entspannung und Meditation sicherlich zuträglich. Es gibt auch Meditationskurse in Englisch.

❯ Info zu Meditationskursen: **The International Buddhist Meditation Centre** (IBMC), Vipassana Section, Room 106, Mahachula Bldg., Wat Mahathat, Tel. 02 6235881, Anschluss 1, www.mcu.ac.th/IBMC

❯ Na Phrathat Rd., Tel. 02 2226011, 9–17 Uhr, Bus Nr. 2, 6, 9, 32, 33, 43, 44, 47, 53, 60, 64, 140, AC 3, 60, 507, 508, Expressboot Phra Chan Pier

❺ Lak Mueang ★★ [D7]

Jede Stadt in Thailand besitzt einen **„Stadtpfeiler"** oder *Lak Mueang,* der den Mittelpunkt der Stadt symbolisiert und an dem zu den Schutzgeistern der Stadt gebetet wird. Bangkoks Stadtpfeiler befindet sich schräg gegenüber dem Nordosteck von Wat Phra Kaew ❶. Dieser Stadtpfeiler ist auch der **geografische Mittelpunkt Bangkoks,** von dem aus alle Entfernungen gemessen werden. Der mehr als mannshohe, phallisch aussehende Pfeiler wurde aus dem Holz des Chaiyapruk-Baumes *(Cassia renigera)* gefertigt, dem „Baum des Sieges".

Um den Pfeiler herum ist ein **prächtiger Gebetsraum** errichtet, in dem sich Menschen einfinden, um von den Stadtgeistern Hilfe zu erbitten. Auf Opfertischen werden Gaben abgelegt: rosa gefärbte Eier, Blumen und gelegentlich auch fettglänzende Schweinsköpfe, die die Götter offenbar besonders mögen. Um ihren Gebeten Nachdruck zu verleihen, heuern Gläubige Tänzer- und Musikergruppen an, die auf einer Bühne zum Vergnügen der Götter ihre Künste darbieten. Dies ist eine gute Möglichkeit, kostenlos **traditionellem Thai-Tanz und -Gesang** beiwohnen zu können – auch wenn die Aufführungen manchmal sehr laienhaft wirken.

❯ Lak Mueang Rd., Ecke Sanam Chai Rd., 5.30–19.30 Uhr, Bus Nr. 2, 6, 15, 19, 30, 44, 47, 60, 123, 124, 189, 201, AC 44, 59, 60, 70, 80, 82, 91, 502, 507

▷ *Die grimmigen, Europäern nachempfundenen Wächter in Wat Po schrecken keine Touristen ab*

❻ Wat Po
(Wat Chetuphon) ★ ★ ★ [D8]

Nur eine schmale Straße trennt den Komplex von Wat Phra Kaew ❶ und dem Grand Palace von dem kaum weniger imposanten Wat Po. Letzterer ist der älteste Tempel Bangkoks und der größte des Landes. Er beherbergt Thailands berühmtesten „Liegenden Buddha" (engl. „Reclining Buddha"), eine Buddha-Figur, die Buddha beim Einzug ins Nirwana darstellt.

Wat Po entstand im 16. Jh. und war ursprünglich als eine Art Universität konzipiert worden, die Werke der Literatur und Abhandlungen über Archäologie, Astrologie sowie Medizin sammelte. König Rama I. ließ den Tempel 1789 restaurieren und erweitern. 1832 gab Rama III. den „Liegenden Buddha" in Auftrag, der von einer steinernen Wandelhalle umgeben wurde. Die Asche von Rama III. und seinen zwei Vorgängern ist in den drei großen Chedis (Stupas) halblinks vom Tempeleingang untergebracht. Ein weiterer, leuchtend blauer Chedi dient als Ruheplatz der Asche von Rama IV.

Nordwestlich dieser vier Chedis befindet sich das **Hauptheiligtum des Tempels**: Der „Liegende Buddha" ist eine 45 m lange, 15 m hohe, mit Blattgold bedeckte Figur. Sie zeigt Buddha auf der rechten Körperseite ruhend. An seinen Füßen sind die 108 Merkmale angebracht, die einen Erleuchteten (= Buddha) auszeichnen. Die Wandelhalle um den Buddha ist nur knapp bemessen, sodass selbst ein Weitwinkelobjekt den Buddha kaum aufs Bild bannen kann.

Wat Po ist bis heute das **Zentrum der traditionellen Medizin und Massage** in Thailand. Auf dem Tempelgelände befinden sich Figuren von *russi*, Weisen, die das Wissen stets vermittelten. In Pavillons bieten Masseurinnen und Masseure ihre Dienste an – es wird hart geknetet und die am Ende

heilsame Massage kann anfangs bitterlich schmerzen. Geboten werden auch Massagekurse, die am Ende mit einem Zertifikat belohnt werden.

> www.watpomassage.com
> Sanam Chai Rd., Tel. 02 2225910, 8–17 Uhr, Eintritt ca. 2,50 €, Bus Nr. 1, 6, 9, 12, 25, 44, 48, 53, 91, AC 44, 82, 91, 512, 524, Expressboot Tha Thien Pier

❼ Wat Ratchapradit ★★ [D7]

An der Nordseite des Saranrom Parks liegt dieser kleine, aber sehr schmucke Tempel. Dies ist einer der weniger besuchten Wats und daher gut für eine Ruhepause während eines längeren Besuchsprogramms geeignet.

Wat Ratchapradit wurde 1864 von König Rama IV. erbaut, dessen Asche zur Regierungszeit Rama V. unter der Buddha-Figur in der Haupthalle (oft verschlossen) untergebracht wurde. Als zu Beginn der Bauarbeiten abzusehen war, dass der Untergrund für die Tempelgebäude zu weich war und nachgeben würde, ließ der König den Untergrund mit Töpfen voller Knoblauch (als Füllmaterial) auffüllen.

Das Tempelgelände wirkt eng und ist vollgestellt mit sakralen Gebäuden, Mönchsunterkünften, Türmen (darunter ein eleganter Glockenturm) und zahlreichen **chinesischen Steinfiguren**, von denen einige mannshoch sind. Solche Figuren wurden oft als Schiffsbalast aus China mitgebracht, nachdem thailändische Schiffe dort Reis angeliefert hatten. Im Hauptgebäude, Phra Vihara Luang, sind **Wandgemälde** zu sehen, die der königlichen Zeremonien im Jahresverlauf zeigen. Ein Gemälde stellt Rama IV. dar, der zur Beobachtung einer Sonnenfinsternis durch ein Teleskop schaut.

> Ratchini Rd., 5–22 Uhr, Bus. Nr. 2, 33, 64

KLEINE PAUSE

Ruhepause im Grünen

Wer sich mittlerweile vom Klima etwas mitgenommen fühlt, für den bietet sich an dieser Stelle eine Rast im hübschen, kleinen Saranrom Park an (s. S. 62).

❽ Schweine-Schrein (Pig Shrine, Sanjao Saha Chat) ★ [D7]

Neben einer kleinen Fußgängerbrücke über Klong Lod befindet sich ein seltsam anmutender Schrein: Auf einem Sockel steht ein bronzenes Schwein, das hohen Hauptes gen Süden blickt. Das Schwein wurde 1913 **aus Anlass des 50. Geburtstags von Königin Saovabha** aufgestellt, die im chinesischen Jahr des Schweins das Licht der Welt erblickte. (Die Königin wurde 1864 geboren, aber die Thais zählen bei Geburt schon das volle Jahr 1.) Heute finden sich am Schweine-Schrein Gläubige zum Gebet ein und der Königin – in Form des Bronzeferkels – werden Blumengirlanden dargebracht.

Die Umgebung des Schreines mit dem von Jackfruchtbäumen gesäumten Klong Lod hinterlässt – trotz einigen Unrats – einen **romantischen Eindruck.** Unter den Bäumen stehen abends einige Transvestiten oder Transsexuelle, die auf Kundschaft warten. Der Bangkoker Volksmund nennt sie *phii-kanun,* „Geister des Jackfruit-Baumes", und sie sind eine Art transsexuelles Pendant zu ihren Kolleginnen am Sanam Luang ❷. Auch sie üben ihr Gewerbe hier schon seit vielen Jahrzehnten aus. Etwas weiter nördlich findet abends ein Trödelmarkt statt.

> Ratchini Rd., schräg gegenüber Wat Ratchapradit ❼, Bus. Nr. 2, 33, 64

033bk Abb.: rk

🟠 **Wat Ratchabophit** ★★ [E7]

Dieser kleine Tempel wurde 1863 von König Chulalongkorn, Rama V., nach dem Vorbild des berühmten Phra Pathom Chedi in Nakhon Pathom, dem größten Stupa Thailands, errichtet. Man betritt den Tempel durch bunte Holztüren, die mit „Wächtern" versehen sind. Diese europäischen Soldaten des 19. Jh. nachempfunden Figuren wirken auf den Betrachter jedoch eher witzig-charmant als furchterregend. Im Mittelpunkt des Tempels ragt der **hohe Chedi** des Wat in die Höhe. Der Chedi ist von einem wundervoll verzierten Rundbau und vier Pavillons umgeben.

❯ Ratchabophit Rd., Ecke Tanao Rd., etwa 8–20 Uhr

⌂ Fesch und immer auf der Hut: die in den Türen von Wat Ratchabophit eingearbeiteten Wächter sind seit 150 Jahren im Dienst

🔟 **Sanjao Por Suea** ★ [E6]

„Chinesischer Tempel von Vater Tiger" – so heißt dieser Tempel übersetzt, denn er ist **einem Tiger geweiht**, der einst in dieser Gegend einen Jungen gefressen haben soll. Der Vater des Jungen wollte den Tiger aus Rache töten, im Traum sah er jedoch, wie sein Sohn auf dem Tiger ritt und so ließ er von seinem Plan ab. Die Mutter des Jungen nahm den sich als reumütig zeigenden Tiger gar als „Sohn" an. Die Legende kennt mehrere Varianten und mit all ihren Verstrickungen und Verschlingungen wäre sie ein abendfüllendes Programm, eine mystische Tiger-Soap-Opera. Passenderweise wird der Eingang von zwei Tigerfiguren neueren Datums flankiert.

Zu jeder Tageszeit finden sich viele Gläubige am Tempel ein, um um Glück zu beten, und die Verkäufer von Räucherstäbchen sowie Blumengirlanden machen ein gutes Geschäft. Besonderer Zulauf ist jeweils im chinesischen Jahr des Tigers zu erwarten (2022) sowie von Gläubigen, die im Jahr des Tigers geboren sind. Zu chinesischen Festtagen werden am Tempel chinesische Opern aufgeführt.

> Tanao Rd., gegenüber Einmündung Mahanopp Rd., etwa 7–18 Uhr

⑪ Sao-Ching-Chaa, die „Giant Swing" ★ [E7]

Die „Große Schaukel" ist ein **unübersehbarer, markanter Orientierungspunkt** und gleichzeitig eine Art **Wahrzeichen Bangkoks**. Sie befindet sich von Blumenbeeten umgeben auf einer Verkehrsinsel. Das 25 m hohe, leuchtend rote Gestell besteht aus Teakholzpfeilern, die nach oben hin schräg zulaufen und dort von einem Querbalken gehalten werden.

Die Schaukel wurde gebaut, um Feierlichkeiten für den Hindu-Gott Shiva zu zelebrieren. Der Legende nach besucht Shiva einmal im Jahr die Erde und zu seinem Amüsement wurden – neben einigem anderen Brimborium – „Schaukelfeste" organisiert. (Die Thais haben immer eine Ausrede, wenn es ums Feiern geht!) Die Schaukelnden befanden sich dabei in einer Art Gondel und führten mit über ihren Köpfen zusammengefalteten Händen einen *wai* (Gruß) an Shiva aus. Gelegentlich kam es zu tödlichen Unfällen und in den 1930er-Jahren waren die Balken morsch geworden. Folglich wurde das Fest 1935 eingestellt.

Die heute zu bewundernde Konstruktion aus dem Jahr 2008 wurde schon mehrfach erneuert. Die Balken müssen jeweils aus dem Holz eines einzigen Baumes stammen, was bei Thailands reduziertem Waldbestand die Beschaffung erschwert.

> Bamrung Muang Road, zwischen Rathaus und Wat Suthat ⑫, Bus Nr. 10, 12, 19, 35, 42, AC 25, 507, 508

⑫ Wat Suthat ★★★ [E7]

Gleich südlich der „Großen Schaukel" wartet eine kleine Oase der Ruhe auf: Wat Suthat, einer der wichtigsten Tempel Bangkoks und von Touristen nur wenig besucht.

Der Tempel wurde 1807 auf Anweisung von Rama I. begründet, aber erst Mitte des 19. Jh. unter Rama III. fertiggestellt. Letzterer war künstlerisch aktiv und soll die Türen des Tempels selber geschnitzt haben. Die *bot,* das sakrale Hauptgebäude, beherbergt eine der heiligsten Buddha-Figuren des Landes: den **8 m hohen, goldenen Phra Buddha Sakyamuni**, den Rama I. von Sukhothai nach Bangkok überführen ließ. Vor der Statue finden sich viele Gläubige zu Gebeten ein. Viele opfern Lotusblumen, die als Symbole Buddhas gelten. Früher kamen Frauen hierhin, die keine Kinder bekommen konnten und um Fruchtbarkeit beteten.

Die *vihara,* ein Gebäude, in dem weniger geheiligte Objekte untergebracht sind und Predigten abgehalten werden, fällt durch ihr **hohes, geschwungenes Tempeldach** auf, dem höchsten Thailands. Die roten und grünen Dachziegel blinken im Sonnenlicht. Eine Art Innenhof zwischen *bot* und *vihara* wird von Wandelgängen begrenzt, in dem lange Reihen sitzender Buddhas zu sehen sind. Über das Tempelgelände finden sich zahlreiche **Steinfiguren von Tempelwächtern** verstreut – ihre Uniformen, ihre „langnasigen" Gesichter samt Bart und ihre Bewaffnung deuten darauf hin, dass sie europäischen Soldaten des 19. Jh. nachempfunden sind. Offenbar hielten die Baumeister europäische Tempelwächter für effizienter als die ansonsten oft anzutreffenden einheimischen *yak* (Dämonen).

034bk Abb.: rk

🔞 Vishnu-Tempel (Bot Phra Visnu) ★ [F7]

Im Schatten des Nordostecks von Wat Suthat 🔞 steht dieser kleine, nach allen Seiten offene Tempel, in dessen Mittelpunkt eine **bonbonfarbene Figur des Hindu-Gottes Vishnu** steht. Der Tempel wurde in den 1970er-Jahren erbaut, die Priester des Tempels sind Inder. Diese Position ist sehr begehrt, denn die Spendeneinnahmen sind erheblich. Viele Thais schreiben der Figur magische Fähigkeiten zu und besonders zwischen 19 und 22 Uhr versammeln sich hier zahlreiche Gläubige zum Gebet.

❯ Siriphong Rd., nahe Ecke Bamrung Muang Rd., 7–24 Uhr, Bus Nr. 10, 12, 19, 35, 42, AC 25, 507, 508

Die Außenbereiche des Tempels sind mit zahlreichen weiteren Figuren und Schreinen verziert, darunter kleine Figuren chinesischer Mönche, die an einem Mini-Wasserfall sitzen, des Weiteren ein steinerner chinesischer Pavillon sowie Figuren des predigenden Buddha und seiner Schüler. An der Nordostecke des Geländes erblickt man eine relativ selten anzutreffende Buddha-Figur: Es ist die **Figur des asketischen, ausgezehrten Buddha,** die Buddha in jener Lebensphase zeigt, in der er die religiöse Befreiung durch Hungern und Selbstkasteiung suchte. Die großen **Grünflächen** auf dem Gelände sind ideal, um zu rasten und sich von der Hektik der Millionenmetropole zu erholen.

❯ Haupteingang Bamrung Muang Rd., nahe Ecke Dinso Rd., 8.30–20 Uhr, Eintritt zum Hauptgebäude ca. 0,50 €, die anderen Bereiche kostenlos, Bus Nr. 10, 12, 19, 35, 42, AC 25, 507, 508

🔞 Bot Phram (Brahmanen-Tempel) ★ [E7]

Wenige Meter weiter nördlich befindet sich der relativ unscheinbare Brahmanen-Tempel oder Bot Phram. Der Hauptschrein, den man gleich vom Eingang aus sieht, enthält eine **Statue des vierköpfigen Hindu-Gottes Brahma.** Die Tempelgebäude selbst sind verschlossen, sie enthalten weitere Figuren hinduistischer Götter und die phallischen Symbole von Gott Shiva, die *shivlüng.*

Die **Priester** des Tempels sind Nachkommen indischer Priester, die im 2. Jh. von Angkor Wat in Kambodscha nach Thailand gekommen waren. Die magischen Fähigkeiten der Priester sprachen sich schnell herum und thailändische Könige beriefen sie an ihren Hof, um sie dort religiöse Zeremonien durchführen zu lassen. Heute gibt es nur noch etwa ein halbes Dutzend Brahma-

◁ *Als Dank für geleistete Dienste hat ein Besucher von Wat Suthat einer der Wächterfiguren eine Blumengirlande spendiert*

nen-Priester im Tempel. Zu erkennen sind sie an ihren weißen Gewändern und den langen Haaren, die sie zu einem Haarknoten am Hinterkopf zusammenbinden.

❭ Dinso Rd., etwa 8–20 Uhr, Bus Nr. 10, 12, 19, 35, 42, AC 25, 507, 508

⓯ Rathaus (Ko-To-Mor) ★ [F6]

Das etwas monströse Gebäude nordöstlich des Brahmanen-Tempels ist der Sitz von Bangkoks Stadtverwaltung. Der **weite Vorplatz** an seiner Südseite bietet sich zur Rast an, allerdings findet man hier keinen Schatten. Abends treffen sich auf dem Platz viele Einwohner auf einen Plausch. Einige junge Männer spielen *takro* (engl. *takraw*), eine Sportart, bei der man sich einen Ball aus Bastmaterial möglichst lange mit den Füßen zuspielt, ohne dass dieser den Boden berührt – ein thailändischer Nationalsport.

❭ Dinso Rd., Bus Nr. 10, 12, 19, 35, 42, AC 25, 507, 508

⓰ Democracy Monument (Anusaweri Prachathipathai) ★ [F6]

Das monumentale Democracy Monument ist ein **markanter Orientierungspunkt** inmitten der alten Prachtstraße Ratchadamnoen. Das Denkmal wurde 1939–1940 errichtet, um an den Staatsstreich im Jahr 1932 zu gedenken, der zur Einführung der konstitutionellen Monarchie führte (s. S. 66). Das Monument besteht in der Mitte aus einer Art Kuppel, in der eine Kopie der thailändischen Verfassung eingemauert ist. Die Kuppel ist von flügelähnlichen Bögen umgeben, die im Kreisrund darum angebracht sind und nach oben zusammenzulaufen scheinen.

KLEINE PAUSE

Imbiss gefällig? Das einfache kleine Lokal Mont Nom Sod ist immens beliebt für seine **leckeren Toastvariationen:** Toast mit Kokoscreme, Erdnussbutter, Schokolade oder mit dem famosen *Sangkayah,* einer schmackhaften Paste aus Pandanus-Blättern und Kokosnuss u. v. m. Dazu gibt es frische Milch, eine Seltenheit in Thailand. Kostenpunkt: ca. 2 € für mehrere Scheiben Toast und ein Glas Milch.

❾147 [F6] **Mont Nom Sod,** 160/1-3 Dinso Rd., Mo.–Do. 14–23, Fr.–So. 14–24 Uhr

Das Denkmal dient in politischen Krisenzeiten oft als **Sammelpunkt für Demonstranten** und in der Umgebung ist schon viel Blut geflossen, so bei den Demonstrationen von 1973, 1976 und 1992. Ein paar Meter südlich des Denkmals, auf der Südseite des Ratchadamnoen (Kok Wua Intersection), befindet sich das „14 October Memorial", das den Opfern des Studentenaufstandes des Jahres 1973 gedenkt, der gegen die thailändische Militärdiktatur gerichtet war. Der Aufstand wurde auf brutalste Weise niedergeschlagen.

❭ Ratchadamnoen, Kreuzung mit Dinso Rd. und Prachathipathai Rd.

▷ *Demokratiesymbol mit Flügeln: das Democracy Monument, in Krisenzeiten der Sammelpunkt von Demonstranten*

⑰ Wat Theptidharam ★ [F6]

Dies ist der Tempel (mit vollständigem Namen „Wat Theptidharam Voraviharn"), in dem **Thailands berühmtester Dichter, Sunthorn Phu** (1786–1855), drei Jahre als Mönch verbrachte. Der Tempel wurde zwischen 1836 und 1839 erbaut. Ein kleines Museum (leider häufig geschlossen) stellt einige der Habseligkeiten des Dichters aus.

Außergewöhnlich sind die **52 Statuten von „bikkhuni"** bzw. Nonnen vor der Buddha-Figur in der Haupthalle, 49 davon kniend, 3 stehend. Die Figuren erinnern an eine Legende, gemäß jener Buddha einst 500 Frauen zu Nonnen weihte. Zunächst hatte er die Frauen abgewiesen, danach aber acht Regeln aufgestellt, nach denen Frauen zu Nonnen geweiht werden konnten. Im thailändischen Buddhismus werden Nonnen nicht offiziell anerkannt. Der ruhig gelegene, wenig besuchte Tempel wird von einem weißen *prang* überragt, einem Turm im Khmer-Stil.

❯ Mahachai Rd., nahe Ecke Ratchadamnoen, 7–20 Uhr, alle Busse entlang Ratchadamnoen (s. Wat Ratchanadta ⑱)

⑱ Wat Ratchanadta mit Lohaprasad ★★ [F6]

Wat Ratchanatdas auffälligstes Erkennungszeichen ist der „Lohaprasad" oder „Eisenturm", ein eigentümlich kantiges, quadratisches Gebilde.

Das 33,50 m hohe Bauwerk wurde von König Rama III. in Auftrag gegeben. Der Lohaprasad ist eine **in drei Stufen gegliederte Anlage.** Die drei Stockwerke werden nach oben hin kleiner und sind an ihren Ecken mit kleinen Türmen und Eisenspitzen besetzt (daher der Name). Obenauf in der Mitte schließt ein größerer Turm die Gesamtkonstruktion ab. Die ungewöhnliche Architektur ist der eines buddhistischen Klosters aus dem 2. Jh. v. Chr. in Anuradhapura, Sri Lanka, abgeschaut. Das Original war allerdings noch imposanter: Es hatte neun Stockwerke, 1000 Zimmer und ein Dach aus Gold. Dennoch ist der Lohaprasad ein für Thailand einmaliges Bauwerk.

An der Nordseite der Anlage befindet sich der nette kleine **Rama III. Memorial Park** mit einer Statue des thronenden Königs und gepflegten

036bk Abb.: rk

Blumenbeeten. Der Gesamtanblick der Anlage – besonders von der anderen Seite des Boulevard Ratchadamnoen aus, inklusive Wat Saket **19** – kann atemberaubend sein.

Auf dem Gelände von Wat Ratchanadta (Südseite) befindet sich ein traditionsreicher **Amulettmarkt**, auf dem buddhistische Amulette, Buddha-Figuren und sonstiges religiöses Zubehör verkauft werden (Zugang von der Mahachai Rd. aus).

› Ratchadamoen, Ecke Mahachai Rd., Bus Nr. 2, 9, 16, 42, 44, 56, 68, 70, 82, 124, 157, AC 15, 44, 59, 60, 68, 70, 79, 82, 157 u. a.

⌂ *Der Lohaprasad ist thailandweit ein einzigartiges Bauwerk*

19 Wat Saket mit „Golden Mount" (Phukhao Thong) ★★★ [G6]

Weithin sichtbar ist der auf einem Hügel stehende goldene Chedi von Wat Saket, der noch bis in die 1960er-Jahre das höchste Bauwerk Bangkoks war. Der im Sonnenlicht glänzende Chedi gibt aus der Entfernung ein wunderbares Fotomotiv ab (morgens von der Chakkra Phatdiphong Rd. aus, nachmittags vom Ratchadamnoen).

Die Tempelanlage wurde 1782, noch vor der Gründung Bangkoks, von Rama I. erbaut. Der König war von einem Feldzug zurückgekehrt und hatte an dieser Stelle die traditionelle „Zeremonie des Haarewaschens" vollführt. Die Zeremonie brachte dem Tempel auch seinen Namen ein – *sa-ket* bedeutet „Haarewaschen". Nach der Gründung Bangkoks verlief die Stadtmauer an der Westseite des Tempels, der Tempel lag also außerhalb der Mauern, die in diesem Bereich noch erhalten sind.

Folglich **wurden hier die Toten Bangkoks verbrannt**, sodass deren Geister nicht in der Stadt herumspuken würden. In Seuchenzeiten spielten sich auf dem Gelände apokalyptische Szenen ab, die Leichen lagen verstreut auf dem Gelände umher und warteten auf ihre Einäscherung. Die Toten wurden durch ein spezielles Tor in der Stadtmauer, *pratu-phii* („Geistertor"), hierhin befördert. Auf der Anlage wurden auch Todesurteile vollstreckt: Die „Henker" waren Elefanten, die den Kopf der Verurteilten mit einem Fuß zerquetschten.

Heute erinnert nichts mehr an die dunklen Zeiten. Das weitläufige Tempelgelände bietet viel Grün und vom Golden Mount aus wird man mit einem **großartigen Ausblick auf Rattanakosin Island** belohnt. Von oben lassen sich alle wichtigen Tempel des alten Bangkok ausmachen. An der Spitze des Hügels befinden sich einige sakrale Räume und Nischen – mit mehreren Buddha-Figuren und Schreinen – und darüber erhebt sich der **prächtige goldene Chedi.** Man kann bis zum Chedi aufsteigen.

Der Chedi, eine Art Wahrzeichen Bangkoks, wurde der Tempelanlage erst nachträglich hinzugebaut und seine Entstehung ist teilweise dem Zufall bzw. dem Zusammenfall zuzuschreiben: Während der Regentschaft von König Rama III. wurde beschlossen, Wat Saket einen riesengroßen Chedi hinzuzufügen. Aufgrund des weichen Bodens – die ewige Plage der alten Baumeister – stürzte der Chedi jedoch in sich zusammen, das Resultat: ein **gewaltiger Haufen Bauerde und Ziegel.** Dieser unbeabsichtigte „Hügel" wurde die nächsten 50 Jahre zunächst sich selbst überlassen. Es dauerte nicht lange, bis er von der rapide wuchernden tropischen Vegetation überwachsen war und wie ein natürlicher Hügel aussah. Unter Rama IV. und Rama V. wurde der heutige goldene Chedi auf dem Hügel errichtet. Eine besondere Ehrung erfuhr der Tempel 1898, als Überreste des Buddha, vermeintlich Knochen, darin eingemauert wurden. Die **Reliquien** waren in Indien gefunden und von der indischen Regierung gestiftet worden. In einer feierlichen Prozession wurden sie zum Chedi geleitet.

037bk Abb.: rk

☐ *Hoch unter dem güldenen Chedi: eine der kleinen Gebetsnischen unter dem Chedi von Wat Saket*

Durch das Tempelgelände fließt der **Klong Saen Saeb**, ein breiter, künstlich angelegter Kanal. Von einer Bootshaltestelle am Tempel fahren Boote, die von vielen Pendlern genutzt werden. Von hier aus kann man per Boot beispielsweise in den Stadtteil Pratunam und die Viertel weiter östlich gelangen. Leider duftet das Wasser teilweise nach Kloake.

An der Westseite des Tempelgeländes, zwischen der weißen Stadtmauer (Mahachai Rd.) und dem Klong, befindet sich eine kleine Siedlung, deren Bewohner sich bisher erfolgreich gegen die Vertreibung seitens der Behörden gewehrt haben. Das Areal soll verschönert werden. Die Siedlung nennt sich **Baan Baat**, nach den *baat*, den Bettelschalen der Mönche. Traditionell wurden hier die Bettelgefäße in Handarbeit geschmiedet. Eventuell kann man noch einem der alten Handwerker bei der Arbeit zusehen, doch das Gewerbe ist beinahe ausgestorben, industriell gefertigte Bettelschalen sind billiger.

> Zugang zu Wat Saket und dem „Golden Mount" von Chakkra Phatdiphong Rd. oder Boriphat Rd., Zugang zu Baan Baat von der Mahachai Rd., Wat Saket: 7.30–17 Uhr, Bus Nr. 10, AC 49 entlang Chakkra Phatdiphong Rd.

🔴 Wat Boworniwet ★ [E5]

Mitten im geschäftigen Einkaufs- und Touristenviertel Banglamphoo liegt dieser „Tempel des edlen Wohnsitzes", den Rama III. 1827 erbauen ließ und der in der Folgezeit **eng mit dem Königshaus verknüpft** bleiben sollte. Vor seiner Krönung hatte der spätere König Mongkut (Rama IV.) die meisten seiner 27 Lebensjahre in dem Wat verbracht und die nachfolgenden Herrscher der thailändischen Dynastie verlebten hier die jedem Thai traditionell vorgeschriebene dreimonatige Mönchsperiode. König Mongkut machte den Tempel auch zum Zentrum des von ihm ins Leben gerufenen, reformatorischen Ordens Thammayut-Nikai. Der Tempel ist heute der Sitz des *Sankaraat* oder *Supreme Patriarch,* des höchsten Mönches des thailändischen Buddhismus. Gelegentlich lassen sich hier Westler zu Mönchen weihen.

Bemerkenswert sind die **Wandgemälde** in der *bot,* dem sakralen Hauptgebäude des Wat, die vom Mönch Khrua In Thong stammten. Dieser kopierte Szenen europäischer Bilder oder Postkarten und integrierte sie in seine religiösen Werke, so z. B. Pferderennen und Gruppen wohlhabender europäischer Herrschaften, die vor Fantasiepalästen wandeln.

Östlich von Wat Boworniwet, an der Phra Sumen Rd., gruppieren sich einige Geschäfte, die Porträts der Königsfamilie, thailändische Fahnen und andere patriotische Symbole veräußern. Einige der teilweise überlebensgroßen Porträts werden direkt an der Straße ausgestellt und geben gute Fotomotive ab.

> Phra Sumen Rd., Ecke Boworniwet Rd., geöffnet: 8–17 Uhr

🔴 Wat Indraviharn ★★ [F4]

Nahe dem Nordende des ehemaligen alten Stadtkerns, im Stadtteil Banglamphoo, steht Wat Indraviharn. Das Hauptmerkmal des Tempels ist ein **41 m hoher, stehender Buddha**. Schon 1867 hatte ein Mönch begonnen, hier einen überdimensionalen Buddha zu errichten. Er verwendete 16 Teakholzstämme, die mit Stein ummauert wurden. Erst 1967 – ein ganzes Jahrhundert später – wurde das Werk vollendet. Zur 200-Jahr-Feier der Stadt Bangkok 1982 überzog man den Buddha mit einer 24-karätigen Goldschicht. Im Haarknoten soll sich ein **Teil der Asche Buddhas** befinden, die 161 v. Chr. von Indien nach Sri Lanka gelangte. Srilankische Mönche stifteten sie 1978 dem Wat Indraviharn, die Asche wurde in einer feierlichen Zeremonie eingemauert.

Der riesige Buddha ist der aufgehenden Sonne zugewandt, daher ergeben sich die besten Fotobedingungen morgens. Der kleine Stadtteilbereich um den Buddha – genannt Bang Khun Phrom – war übrigens bis in die 1990er-Jahre ein florierendes Rotlichtviertel. Hätte der Buddha sich

▷ *Gläubige opfern in Wat Indraviharn Blumen*

nach rechts wenden können, hätte er zahlreiche kleine Bordelle und „Short-Time-Hotels" überblickt. Mit dem Bau der Rama-8.-Brücke schlossen die meisten der Etablissements.

› Visukasat Rd., 8–17 Uhr,
Bus Nr. 10, AC 49

22 Wat Benchamabophit ★★★ [H4]

Wat Benchambophit, auch der „Marmortempel" genannt, ist der jüngste der wichtigen Tempel in Bangkok – und der vielleicht ästhetischste.

Als König Chulalongkorn, Rama V., 1899 zwei unbedeutende Tempel abreißen ließ, um seinen Dusit-Palast zu erweitern, beschloss er, diese durch ein prachtvolleres Heiligtum zu ersetzen. Sein künstlerisch veranlagter Halbbruder Prinz Nares lieferte den Entwurf zu einem Meisterwerk. Die Kombination von italienischem Carrara-Marmor und gelb-glitzernden Dachziegeln, angebracht auf einem kunstvoll verschachteltem Dach, beschrieb Erik Seidenfaden 1928 so: „Ein klei-nes Stück exquisiter Kunst, erbaut in blendendem Weiß, dem eine Krone aus leuchtendem Gold aufgesetzt wurde, so ist [dieser Tempel] unangefochten das schönste und reinste Beispiel des modernen siamesischen Stiles." Sowohl frühmorgens als auch im Nachmittagslicht ergeben sich wunderbare Anblicke und es ist nicht verwunderlich, das der Tempel ein Lieblingsmotiv zahlreicher Fotografen ist.

Wat Benchamabophit enthält eine **Kopie des Phra Buddha Chinnarat** (Original in der Provinzhauptstadt Phitsanulok), eine der meistverehrten Buddha-Figuren des Landes, dazu 52 weitere Buddha-Figuren. Der elegant ausgeführte Phra Buddha Chinnarat gilt als eine der schönsten Buddha-Figuren Thailands und passt perfekt in dieses bezaubernde Bauwerk. Im Sockel der Figur ist die Asche des Tempelstifters, König Rama V., aufbewahrt, der sich hiermit ein Grabmal wie auch ein zeitloses Monument thailändischer Baukunst erschuf.

Um die Tempelgebäude herum befindet sich eine **hübsche, parkähnli-**

che **Anlage** samt Klong, romantischen kleinen Brücken mit geschnitzten roten Balustraden und Steinfiguren. Schon frühmorgens regt sich Geschäftigkeit auf dem Tempelgelände, denn Wat Benchamabophit ist einer der wenigen Tempel, zu denen die Gläubigen kommen, um den Mönchen Essensgaben zu bringen. Üblicherweise begeben sich die Mönche morgens auf Almosengang.

❯ Ayutthaya Rd., Ecke Nakhon Pathom Rd., 6–18 Uhr, Bus Nr. 10, 16, 23, 70, 72, 99, 201, 503

㉓ Ananta Samakhom Throne Hall ★★ [H3]

Am Nordende der alten Königsstraße Ratchadamnoen, die sich die Pariser Prachtstraße Champs-Élysées zum Vorbild genommen hatte, steht diese Thronhalle, die von Rama V. 1907 in Auftrag gegeben wurde. Fertiggestellt wurde sie erst unter seinem Nachfolger, Rama VI. Es ist ein **fabelhafter, filigraner Prachtbau**, gekrönt von einer 40 m hohen Kuppelhalle und erbaut im Stil der italienischen Renaissance. Das mächtige Gebäude fiel so schwer aus, dass den Architekten, den Italienern Mario Tamagno und Annibale Rigotti, zu Baubeginn der Boden wegsackte und sie ihn verstärken mussten.

Das Innere der Halle besteht aus reinem Carrara-Marmor, dem es unter anderem zuzuschreiben ist, dass die Baukosten sich auf stolze 8 Mio. Baht beliefen – damals eine ungeheure Summe. **Fresken und Gemälde**, die Szenen aus der thailändischen Geschichte darstellen, machen die Halle zu einem großen Gesamtkunstwerk. An der Decke an der Nordseite ist beispielsweise ein Gemälde zu sehen, das König Rama I. zeigt, der auf einem Kriegselefanten sitzend den Bau der neuen Hauptstadt Bangkok überwacht. Der zentrale Dom ist mit Fenstern versehen, durch die das Sonnenlicht dringt, und besonders morgens und abends können dadurch wunderbare Lichteffekte entstehen.

Nach dem Putsch von 1932 versammelte sich das erste thailändische Parlament in der Halle. Heute dient sie zum Empfang ausländischer Würdenträger oder zu staatlichen oder königlichen Feiern. Ein gepflegter Park umgibt das repräsentative Gebäude.

❯ Ratchadamnoen Nok, 8.30–16 Uhr (letzter Ticketverkauf: 15.30 Uhr), Eintritt: ca. 5 €, geschlossen am Geburtstag des Königs (5.12.) und der Königin (12.9.), Busverbindungen wie nach Wat Benchamabophit ㉒, von der Sri Ayutthaya Rd. aber noch etwa 500 m Fußweg

㉔ Vimarnmek Palace ★★ [H3]

Ende des 19. Jh. hatte König Chulalongkorn einen Palastbau auf der Insel Ko Si Chang in Auftrag gegeben, dessen Bau aufgrund politischer Spannung mit Frankreich jedoch aufgegeben wurde. Die schon fertiggestellten Bauteile wurden 1901 nach Bangkok transportiert, wo der Palast nun entstehen sollte. Der verantwortliche Architekt war wieder Prinz Nares (siehe Wat Benchamabophit ㉒), der heute als Vater der thailändischen Architektur gilt. Später wurde die Arbeit dem Deutschen C. Sandreczki übertragen.

Es entstand ein **L-förmiger Prachtbau** mit 81 Zimmern, gefertigt aus dem heute seltenen goldfarbenen Teakholz. Damit ist der Palast die **größte Teakholzkonstruktion der Welt**. In diesen „Wohnsitz der Wolken" (*vimarnmek*) zog sich König Chulalongkorn bevorzugt für Ruhepausen von seinen anstrengenden

Amtsgeschäften zurück, um im Kreise seiner weitverzweigten Familie zu weilen. Er hatte 99 Frauen und 72 Kinder – nicht ungewöhnlich für damalige Herrscher.

Heute ist der Palast ein **Museum**, in dem ein **kurioses Sammelsurium** von Objekten zu bewundern ist. Darunter befinden sich Souvenirs, die der König von seinen Auslandsreisen mitbrachte. In seiner Toilette ließ er sich die „erste Dusche" Thailands installieren: Bedienstete schütteten das Badewasser in einen hoch angebrachten Tank, von dem es durch eine Leitung und den Duschkopf auf das königliche Haupt hinabfloss.

❯ Ratchasima Rd., 8.30–16.30 Uhr, Eintritt: ca. 2,50 € bzw. kostenlos nach Erwerb einer Eintrittskarte zu Wat Phra Kaew ❶, Bus Nr. 18, 28, AC 108 bis Ratchawithi Rd., Taxi empfehlenswert

㉕ Dusit Zoo (Khao Din) ★ [H3]

An westlichen Standards gemessen ist dies kein sehr interessanter Zoo, viele Thais aber mögen ihn und kommen hierhin nicht nur, um Tiere zu bewundern, sondern auch um ein ausgiebiges **Picknick** zu zelebrieren oder **Ruderboot** zu fahren. An Feiertagen oder Wochenenden kann es auf dem Gelände sehr voll werden. Eine Art Straßenbahn mit vier Haltestellen ermöglicht dem Besucher, sich bequem über das 47 Hektar große Areal fortzubewegen (Fahrpreis: ca. 50 Cent). Auf dem Gelände des heutigen Zoos befand sich ursprünglich ein privater botanischer Garten von Rama V.

❯ Khao Din Park, Rama V. Rd., 9–18 Uhr, Fr.–Sa. Nachtsafari (Beobachtung nachtaktiver Tiere) bis 21 Uhr, Eintritt: ca. 2 €, Kinder 1 €, Bus Nr. 18, 28, AC 108 bis Ratchawithi Rd., günstiger aber mit Taxi zu erreichen

Auf der anderen Flussseite: Stadtteil Thonburi

Von mehreren Piers auf der „Bangkok-Seite" des Flusses (Ostseite) können Sie mit Fähren auf das andere Ufer übersetzen (Kostenpunkt: ca. 6 Cent). Thonburi ist so etwas wie der kleinstädtische, manchmal gar rustikale Zwillingsbruder von Bangkok, in dem die Uhren noch einen Deut langsamer zu ticken scheinen.

㉖ The Royal Barge National Museum (Museum der königlichen Barken) ★★ [B5]

Dieses Museum widmet sich ausschließlich den königlichen Barken, die zu festlichen Anlässen am Königshof eingesetzt wurden. Unter den 52 Barken sind **wahre Prachtstücke der Bootsbauerkunst**, allen voran die Barke *Suwannahong* („Goldener Schwan"). Auf dieser ist eine Art goldener Pavillon errichtet, in dem der König zu bestimmten Festen zu sitzen pflegte – z. B. zu Beginn der buddhistischen Fastenperiode, in der der König in einer prunkvollen Prozession nach Wat Arun ㉘ gerudert wurde. Zum letzten Mal fand 2007 eine Prozession zu Anlass des 80. Geburtstags des Königs statt. Mittlerweile ist der König gesundheitlich sehr angeschlagen und ob er jemals wieder den „Fluss der Könige" hinabgerudert werden wird, ist sehr fraglich.

Das heutige Exemplar des *Suwannahong* stammt aus dem Jahr 1911, das Original wurde 1782 gebaut. Ein weiteres Meisterstück ist die Barke *Anantanagaraja* („Unendlicher Schlangenkönig") von 1914, deren Bug in Form eines siebenköpfigen *naga*, eines Schlangenwesens, geformt ist.

> Arun Amarin Rd., Bangkok Noi, Tel. 02 4240004, Mo.–Sa. 9–17 Uhr, Eintritt: etwa 1 €, Bus Nr. 57, 81, 91, 146, 149, mit Expressboot ab Pier Tha Phra Chan

㉗ Wat Rakhang ★ [B7]

Wat Rakhang wurde Ende des 18. Jh. von König Rama I. erbaut, an der Stelle hatte sich jedoch schon zuvor ein Tempel befunden. Der Name des Tempels, „**Glockentempel**", rührt von einer Glocke her, die bei den Bauarbeiten zum Vorschein kam – in der Umgebung befanden sich früher Bronzegießereien. König Rama II. ließ die Glocke im Wat Phra Kaew ❶ unterbringen, stiftete Wat Rakhang zum Ausgleich jedoch fünf andere Glocken. Diese hängen bis heute in einem kleinen Glockenturm.

Insbesondere die aus Teakholz gefertigte Bibliothek des Tempels sticht aus dem Tempelensemble hervor.

Sie war einst Teil des Wohnsitzes von Rama I., der sie dem Tempel stiftete.

> Arun Amarin Rd., Bangkok Noi, vom Pier Tha Chang auf der rechten Flussseite mit der Fähre zu Pier Wat Rakhang

㉘ Wat Arun ★★★ [C8]

Vom Pier Tha Thien südwestlich des Wat Phra Kaew ❶ gelangt man nach kurzer Überfahrt mit der Fähre zu diesem Sinnbild Bangkoks, das sich am linksseitigen Flussufer stolz in den Himmel erhebt.

Wat Arun – der „**Tempel der Morgenröte**" – wurde schon vor der Bangkok-Periode gegründet. Sein unübersehbarer Mittelpunkt ist der **74 m hohe, zentrale Tempelturm** („prang"), ein kunstvoll verzierter Turm im Khmer Stil, der von vier kleineren *prang* umgeben wird. Der Hauptturm symbolisiert den mystischen Berg Meru, den Mittelpunkt des Universums und die vier kleineren *prang* die vier Ozeane. Die vier darum gelege-

039bk Abb.: rk

nen Pavillons stehen symbolisch für die vier Winde.

Die Türme sind mit beeindruckenden **Mosaiken aus Porzellanscherben und Reliefs von weiblichen Fabelwesen**, den *kinnari,* verziert. Der Hauptturm kann über eine enge, unbequeme Treppe bestiegen werden. Oben wird man durch **wunderbare Ausblicke**, vor allem auf die nahe gelegenen Tempel Wat Phra Kaew ❶ und Wat Po ❻, belohnt.

Die allerbesten Ausblicke auf Wat Arun selber bieten sich – seinem Namen zum Trotz – in der Abenddämmerung von der anderen Flussseite aus. Südwestlich von Wat Po zweigen einige Gassen zum Flussufer ab und von dort ist die Aussicht am schönsten. Kurz vor Sonnenuntergang verfärbt sich der Himmel hinter Wat Arun in den kühnsten Farben – je nach Tag und Jahreszeit in Rot, Violett oder Rotbraun, manchmal auch alles direkt nacheinander. An einem guten Tag ist dies sicher **einer der dramatischsten Ausblicke**, die Bangkok zu bieten hat. An wolkenbedeckten Tagen jedoch oder in der Regenzeit bleibt das farbige Spektakel aus bzw. findet in abgeschwächter Form statt.

❯ Arun Amarin Rd., Bangkok Noi, 8.30–17.30 Uhr, Eintritt ca. 1,25 €, Bus Nr. 19, 57, 83, Anfahrt am besten mit Expressboot oder Fähre bis Pier Wat Arun

◻ *Ein traumhafter Anblick in der Abenddämmerung: Wat Arun, von der anderen Flussseite aus gesehen*

㉙ **Wat Kalayanimit** ★ [C9]

Südlich von Wat Arun ㉘ gelangt man durch eine Siedlung aus Holzhäusern oder einfachen kleinen Steinhäusern zu Wat Kalayanimit, dem „Tempel des schönen Freundes". Der Tempel wurde von König Rama III. Mitte des 19. Jahrhundert erbaut. Das Ensemble besticht durch eine **ungewöhnlich hohe „vihara"** (Bet- und Versammlungshalle der Mönche und Laien). In dieser befindet sich eine 15 m hohe Buddha-Figur, die zahlreiche Gläubige anlockt.

In einem kleinen Pavillon hängt die **größte Bronzeglocke Thailands**, die in den 1920er-Jahren in Japan gegossen wurde. Sie ist dennoch ganz patriotisch in den thailändischen Nationalfarben Rot und Blau gestrichen. Glocken, meist in speziellen Glockentürmen untergebracht, sind fester Bestandteil thailändischer Tempel – Glockenschläge wecken morgens die Mönche und sie künden den Beginn von Zeremonien an.

❯ Arun Amarin Rd., Bangkok Noi, Bus Nr. 19, 57, 83. Mit Fährboot von der anderen Flussseite, Pier Pak Klong Talaat, zum Kalayanimit-Pier.

㉚ **Santa Cruz Church** ★ [D9]

Etwas südöstlich von Wat Kalayanimit ㉙, eingebettet in eine ruhige, kleine Wohnsiedlung, steht die 1770 von Portugiesen begründete Santa-Cruz-Kirche. Im 16. und 17. Jahrhundert kamen christliche Missionare nach Thailand – Franziskaner, Dominikaner und Jesuiten –, deren missionarischer Erfolg sich jedoch in Grenzen hielt. In der alten Hauptstadt Ayutthaya hatten sich aber auch **portugiesische Händler** und Söldner niedergelassen. Nach der Zerstörung Ay utthayas durch die Burmesen siedelten die Portugiesen nach Thonburi um. Da sie König Taksin im Kampf gegen die Burmesen unterstützten, bekamen sie zum Dank ein Stück Land, auf dem sie sich ein Gotteshaus errichten konnten.

Die ursprüngliche Kirche war aus Holz und verfiel im Lauf der Zeit. 1913 entwarfen die italienischen Architekten Annibale Rigotti und Mario Tamagno (siehe auch Ananta Samakhom Throne Hall ㉓) einen Neubau aus Stein. Die charmante kleine Kirche mit ihrer leuchtend roten Kuppel ist noch heute **eine optische Überraschung** in diesem von zahllosen buddhistischen Tempeln geprägten Stadtteil. Leider ist das Innere der Kirche meist nicht zugänglich.

> Arun Amarin Rd., Bangkok Noi, Bus Nr. 19, 57, 83, von der anderen Flussseite, Pier Pak Klong Talaat, mit Fährboot zum Pier Wat Kalayanimit

㉛ **Wat Prayunwong** ★ **[D9]**

Im Schatten der Memorial Bridge befindet sich der **ungewöhnliche Wat Prayunwong**, der aus der Regierungszeit von Rama III. stammt. Sein herausragendes Merkmal ist ein **bizarr geformter Felsen**, an dem kleine bunte Steinhäuschen mit der Asche von Verstorbenen angebracht sind. Der künstlich angelegte Felsen soll die exakte Nachbildung eines Wachsklumpens sein, der sich bildete, als Rama III. eines Nachts las. Ein Höfling machte den König auf die außergewöhnliche Form aufmerksam und der Herrscher beschloss sogleich, den Klumpen im Großformat nachbauen zu lassen. Die Bevölkerung hielt den Felsen für ein Ergebnis göttlicher Inspiration und hinterließ dort die Asche ihrer verstorbenen Angehörigen.

Der Felsen wird von einem Teich umgeben, an dem die Gläubigen Wasserschildkröten aussetzen. Manche füttern sie, vor allem mit Stückchen von Wassermelonen.

> Arun Amarin Rd., Ecke Pracha Thipok Rd., 8–20 Uhr, Anfahrt mit Fähre vom Pier Pak Klong Talaat

Rast in Wat Pichaiyat

Hübsche oder besonders heilige Tempel haben die Eigenschaft, Scharen von Gläubigen oder Touristen anzulocken. Einer der **besonders malerischen, aber kaum besuchten Tempel** ist Wat Pichaiyat an der Somdet Chao Phraya Road in Thonburi. An dieser Stelle befand sich schon vor der Gründung Bangkoks ein Tempel, dieser verfiel mit der Zeit und wurde Mitte des 19. Jahrhunderts restauriert. Anfang des 21. Jahrhunderts wurde die Anlage noch einmal gründlich verschönert.

Den Mittelpunkt der Anlage bildet ein hoher weißer *prang* (Tempelturm), in dessen Sockel sich ein Gebetsraum mit vier Buddha-Figuren befindet, die in die vier Himmelsrichtungen blicken. In einem der Nebentürme ist ein „Fußabdruck Buddhas" zu sehen, der die 108 Zeichen eines Erleuchteten aufweist. In der Bibliothek befindet sich ein Exemplar der ersten gedruckten Version des *Ramakien* von Rama V.

Die an einem kleinen Klong (Kanal) gelegene weitläufige Anlage wirkt beinah verlassen und ist ein ausgezeichneter Ort für ein wenig Einkehr und Ruhe.

★148 [E10] **Wat Pichaiyat**, Somdet Chao Phraya Rd., Klong San, Thonburi, Bus Nr. 7, 20, 42, 84

Sehenswürdigkeiten in Chinatown

Die folgenden Sehenswürdigkeiten befinden sich an einer Strecke von ca. 2 km, sodass man alle gut zu Fuß erkunden kann. Taxifahrten zwischen den Punkten würden aufgrund des starken Verkehrs und der vielen Einbahnstraßen möglicherweise länger dauern!

32 **Wat Chakrawat** ★ [F9]

Es ist selten, dass ein Tempel auch als eine Art Zoo fungiert.

Wat Chakrawat wurde im 17. Jh. erbaut und hieß zunächst Wat Samphlum, „Tempel der drei Freuden". In den 1930er-Jahren kam jemand auf die Idee, ein **blindes Krokodil** im Tempel abzugeben – über die weiteren Hintergründe ist nichts bekannt. Das Reptil wurde in einem Teich auf dem Tempelgelände untergebracht und wurde unter dem Namen „Ai Bord" (etwa „der olle Blinde") zu lokaler Berühmtheit. Nachdem das Krokodil gestorben war, wurde es in einem Glaskasten neben dem Teich ausgestellt und dort steht es bis heute. In der Folgezeit wurde der Tempel immer wieder mit Krokodilen beschenkt und bis heute sind einige der Tiere in dem (sicher ummauerten) Teich zu sehen. Die Mönche füttern sie mit (toten) Hühnern.

Über die Krokodile könnte man fast den heiligsten Aspekt des Tempels vergessen: An einer Felswand befindet sich ein „**Schatten des Buddha**", den der Erleuchtete bei einer seiner astralen Reisen hier geworfen haben soll. Gläubige kleben Goldblättchen auf den Schatten – ein schwarzer, menschähnlicher Umriss –, um sich dadurch spirituelle Verdienste zu erwerben.

❯ Chakrawat Rd., 8–18 Uhr, Bus Nr. 5, 8, 10, 43, 169, AC 549

33 **Wat Mangkon** ★ [G8]

Der **wichtigste chinesische Tempel in Chinatown** wurde 1872 errichtet. Mit vollem Namen heißt er Wat Mangkonkamalawat, „Tempel des Wohnsitzes des segensreichen Lotus". Besonders zu chinesischen Festterminen wie chinesisches Neujahr oder dem Vegetarian Festival (s. S. 16) finden sich am Tempel Scharen von Gläubigen ein, vor allem aus China stammende Thais.

Der Tempel weist das typische **geschwungene Dach** chinesischer Tempel auf, Giebel und Spitze sind mit Ornamenten besetzt, z. B. chinesischen Drachen. Innen werden Figuren taoistischer Gottheiten aufbewahrt. Dem Tempel ist eine Schule angeschlossen, in der 300 Mönche unterrichtet werden.

❯ Charoen Krung Rd., etwa gegenüber Einmündung Mangkon Rd., 6–17 Uhr, Bus Nr. 1, 4, 8, 25, 35, 40, 56, AC 7, 21, 37, 507, 508, 527

34 **Wat Trimit** ★★★ [H9]

Die **größte aus Gold hergestellte Buddha-Statue der Welt** thront in diesem Tempel am Ostrand von Chinatown: Die Figur ist ca. 3 m hoch, 5 ½ Tonnen schwer und besteht verschiedenen Quellen zufolge zu 75 % oder gar aus reinem Gold. Orientalische Übertreibung? Zu prüfen ist es nicht. Die Figur zeigt Buddha in einer meditativen Pose, die „Unterwerfung Maras" genannt. Mara ist in der buddhistischen Mythologie ein Dämon und symbolisiert das Schlechte oder die Sünde.

Die Statue wurde erst 1955 entdeckt, als ein vermeintlicher Gips-Buddha bei Umzugsarbeiten aufplatz-

040bk Abb.: rk

35 **Holy Rosary Church** ★ [H10]

Die Holy Rosary Church **wurde 1786 von Portugiesen errichtet,** nachdem es zu Konflikten mit französischen Missionaren gekommen war. Aufgrund der Querelen mit den Franzosen mussten die Portugiesen ihre Kirche in Thonburi, die Santa Cruz Church 30, aufgeben. Sie ließen sich stattdessen hier, auf der anderen Flussseite, nieder. Das Land dafür wurde ihnen von König Rama I. in einer Schenkung überlassen.

te. In früheren Jahrhunderten wurden wertvolle Buddhas oft **durch Auftragen einer Gipsschicht getarnt,** um sie vor Plünderungen zu schützen. Der Buddha stammt wahrscheinlich aus der Ayutthaya-Periode (1361–1767), der Tempel selber aus der Mitte des 19. Jh. Er wurde von drei chinesischen Freunden gebaut, die sich dadurch spirituelle Verdienste erhofften.

Im Februar 2010 wurde nach längerer Bauzeit der **Phra Maha Mondop** eröffnet, ein prunkvolles Gebäude, gekrönt von einer goldenen Turmspitze, in dessen höchstem Stockwerk (4. Stock) der goldene Buddha eine standesgemäße neue Bleibe gefunden hat. Bei dem opulenten Bauwerk wurde an nichts gegeizt. Im 2. Stock befindet sich das aus sechs Sektionen bestehende **Yaowarat Heritage Centre,** ein sehenswertes Museum, das sich mit dem Werdegang der chinesischen Einwanderergemeinde in Bangkok befasst.

❯ Trimit Rd., 8–17 Uhr, Eintritt ca. 2 €, MRT: Hualamphong

⌂ *Deckengemälde und Ventilatoren: in der Holy Rosary Church trifft künstlerische Ästhetik auf bescheidenen modernen Komfort*

Zwischen 1891 und 1898 wurde die Holy Rosary Church renoviert, dabei erhielt der Bau den heute sichtbaren **neogotischen Stil.** Von den Thais wurde die Kirche *Wat Kalawar* getauft, nach dem portugiesischen Wort *Calvario* (= Berg Golgotha, auf dem Christus gekreuzigt wurde).

Das beige-gelb gestrichene Gotteshaus besticht von außen durch seinen **eleganten schlanken Turm.** Innen bietet sich ein nicht minder attraktiver Anblick: Der Gebetsraum ist mit Deckenfresken, Fenstermosaiken, auf denen Szenen des Alten und Neuen Testaments zu sehen sind, und zahlreichen Figuren ausgeschmückt. Die Kirche steht nahe dem Flussufer inmitten einem etwas chaotischen Gassengewirr. Spaziergänge in diesem Viertel garantieren lebhafte Eindrücke, man kann aber auch leicht die Orientierung verlieren. Folgt man der Gasse von der Kirche schnurstracks in südliche Richtung, so gelangt man zum Royal Orchard Sheraton Riverside Hotel und River City Complex und befindet sich damit urplötzlich in einem auffallend modernen Stadtteil.

❯ Soi Wanit 2, Yotha Rd., Samphanthawong, Expressboot zum Pier Si Phya

Sehenswürdigkeiten im modernen Bangkok

Die folgenden Sehenswürdigkeiten sind relativ leicht zu besuchen, da sie alle in der Nähe von BTS- oder MRT-Stationen liegen.

36 Jim Thompson House ★★ [K7]

Der **amerikanische Unternehmer James H. W. Thompson** (geb. 1906) hatte sich Mitte des 20. Jh. um die thailändische Seidenindustrie verdient gemacht und dafür den „Orden des weißen Elefanten" erhalten. 1967 verschwand Thompson, der einst Geheimdienstoffizier gewesen war, spurlos in einem malaysischen Dschungel. Dies führte zu zahllosen Spekulationen. Manche glaubten, der „Spion" Thompson hätte sich klammheimlich davongemacht. Sein Leichnam wurde nie gefunden. Mehrere Bücher beschäftigen sich mit dem mysteriösen Verschwinden, so das spannend geschriebene Werk „Jim Thompson: The Unsolved Mystery" von William Warren (Editions Didier Millet).

Thompsons ehemaliger Wohnsitz ist ein **aus sechs traditionellen Teakhäusern bestehender Gebäudekomplex,** der von tropischer Vegetation umgeben ist. Allein die Gebäude, fertiggestellt 1959, sind schon einen Besuch wert, zudem beherbergen sie eine wertvolle Kunst- und Antiquitätensammlung. Unter den Ausstellungsstücken befinden sich Skulpturen aus Südostasien, teilweise bis auf das 8. Jh. zurückgehende Figuren und Büsten des Buddha, wunderschöne klassisch-thailändische Gemälde, eine chinesische Porzellansammlung (für europäische Augen teilweise vielleicht etwas kitschig) und Kuriosa. Man merkt der Sammlung an, wie viel Leidenschaft – wie auch Vermögen – der Kunstfreund Thompson in sie investiert haben muss.

❯ 6 Kasemsan Soi 2, Rama I. Rd., www.jimthompsonhouse.com, Tel. 02 2167368, 9 – 17 Uhr, Eintritt ca. 2,50 €, Studenten 1,25 €, BTS: National Stadium

37 Suan Pakkad Palace ★★ [M6]

Übersetzt heißt dieser Bau wenig romantisch „Kohlfeld-Palast", was aber nicht über seine Attraktivität hinwegtäuschen soll: Das Gebäude ist ein ehemaliger Wohnsitz eines Prinzen und wurde 1952 errichtet. Um den Palast herum sind acht traditionelle Teakhäuser angelegt, der gesamte Komplex fungiert als **Museum.** In diesem sind einige sehr sehenswerte Kunstobjekte ausgestellt, jahrhundertealte Götterfiguren, eine königliche Barke u. v. m. Angeschlossen ist auch eine Fotosammlung des Königshauses und eine moderne Kunstgalerie.

Eines der Häuser, der **Lacquer Pavillon,** stammt aus der Mitte des 17. Jh. und befand sich einst in Ayutthaya. Es wurde in seine Einzelteile zerlegt und in Bangkok neu aufgebaut – nichts Ungewöhnliches, denn thailändische Häuser waren damals so angelegt, dass man mit dem gesamten Gebäude umziehen konnte.

❯ 352 – 354 Sri Ayutthaya Rd., Tel. 02 2454934, www.suanpakkad.com, 9 – 16 Uhr, Eintritt ca. 2,50 €, BTS: Phaya Thai

38 Erawan-Schrein ★★ [N8]

Beim Bau des Erawan Hotels im Jahr 1956 kam es zu einer Serie von Unfällen, die viele Thais überirdischen

041bk Abb.: rk

Figur. Augenzeugen ergriffen den Täter und schlugen ihn in einem Akt der Lynchjustiz zu Tode. Die Zerstörung der Figur wurde von vielen Thais als böses Omen für die Zukunft des Landes angesehen und der geschockte (und bekanntermaßen sehr abergläubische) Premierminister Thaksin Shinawatra machte sich sofort auf, den Schrein zu besuchen. Bald darauf gab man eine neue Figur in Auftrag, die schon zwei Monate nach dem Anschlag in einer feierlichen Zeremonie eingeweiht wurde.

Um den Schrein herum werden an Ständen **kleine Elefanten aus Teakholz** verkauft. Der Elefant namens Erawan gilt als Gefährte Brahmas, die Elefantenfiguren werden vor der Statue Brahmas abgelegt. Das alte Erawan Hotel wurde 1988 abgerissen. An seiner Stelle steht heute das wuchtige Grand Hyatt Erawan (s. S. 120). Der Kontrast zwischen dem Götterschrein und den umliegenden modernen Hotel- und Shoppinggebäuden ist bemerkenswert.

Einen guten Blick auf die Szenerie erhält man vom Skywalk aus (s. S. 26).

❯ Ploenchit Rd., Ecke Ratchadamri Rd., 6–24 Uhr, BTS: Chitlom oder Ratchadamri

Kräften zuschrieben. Als Gegenmaßnahme beschloss man, einen Schrein zu errichten, um damit die Götter und Geister, die das Baugelände beherrschten, friedlich zu stimmen. Auf diese Weise entstand der Erawan-Schrein. Dessen Mittelpunkt ist eine **goldene Statue des viergesichtigen Hindu-Gottes Brahma,** der in dem Ruf steht, Wünsche zu erfüllen. Folglich finden sich hier täglich Tausende von Besucher ein – Thais ebenso wie Touristen aus China, Singapur, Taiwan oder Hongkong –, um im Gebet ihr Anliegen vorzutragen. Vor der Figur herrscht ein reges Treiben, es werden Abertausende von Räucherstäbchen abgebrannt und so mancher Gläubige heuert eine Tanzgruppe an, die zur Gnädigstimmung des Gottes **traditionelle Thai-Tänze** aufführt. Der Schrein ist somit ein guter Ort, kostenlos und in „natürlicher" Umgebung Thai-Tanz zu beobachten – auch wenn die Tänzerinnen oft etwas laienhaft und lustlos agieren. Ihre traditionellen bunten Kostüme allein sind schon ein gutes Fotomotiv.

Die heutige Brahma Figur ist **nicht mehr die Originalfigur,** sondern sehr neuen Datums: 2006 zertrümmerte ein möglicherweise geistesgestörter Mann, ein thailändischer Moslem, mit einem Hammer die ursprüngliche

39 Snake Farm (Queen Saovabha Memorial Institute) ★ [L10]

Die Schlangenfarm wurde 1923 ins Leben gerufen, um hier Giftschlangen ihr Gift zu entnehmen und Antisera herzustellen. Außerdem werden Impfungen gegen Cholera, Typhus, Hepatitis und Tollwut verabreicht.

Wochentags um 11 und 14 Uhr, an Wochenenden und Feiertagen um 11 Uhr wird **Schlangen in einer Art**

„Vorstellung" ihr Gift abgemolken. Unter den Tieren befinden sich hochgiftige Kobras, Kraits und Vipern. Einige Angestellte zeigen ihren geschickten Umgang mit den giftigen Reptilien bzw. provozieren diese bewusst. Gelegentlich schlägt die gepeinigte Fauna zurück und auch jeder der „Dompteure" ist schon mindestens einmal gebissen worden. Wer will, kann mit einer freundlichen Python fürs Familienalbum posieren. Die Fütterungsshow, in der den Schlangen lebende Ratten und andere zappelnde Delikatessen serviert werden, ist sicher nicht jedermanns Sache.

❯ 1871 Rama IV. Rd., Mo.–Fr. 8.30–16.30, Sa./So. 9.30–13 Uhr, ca. 5 €, Kinder 1,25 €, BTS: Sala Daeng, MRT: Silom

❹⓿ Mariammam-Tempel (Wat Khaek) ★ [J12]

Einen ungewöhnlichen Anblick in der modernen Silom Road bietet der Mariammam-Tempel, auf Thai „Wat Khaek" genannt, „Tempel der Inder", oder „Wat Umathewi", „Umadevi-Tempel". Begründet wurde der Tempel in den 1860er-Jahren von tamilischen Einwanderern, in den 1990er-Jahren erfolgte eine umfassende Renovierung. Der Tempel, geweiht der Hindu-Göttin Mariammam oder Umadevi, ist **südindischen Stils** und weist den dafür typischen **hohen Tempelturm** (gopuram) auf. Dieser ist mit zahllosen bunten Götterfiguren besetzt und prangt direkt über der Eingangstür. Der Tempel enthält außerdem einige hinduistische Götterfiguren.

Den ganzen Tag lang finden auf dem Areal **Gebetszeremonien** statt. Im Umfeld dieses von vielen indischen Emigranten besuchten Tempels haben sich einige südindische Restaurants angesiedelt, z. B. das beliebte Chennai Kitchen in der Pan Rd.

❯ Silom Rd., Ecke Pan Rd., Mo.–Do. 6–20 Uhr, Fr.–So. 6–21 Uhr, BTS: Chong Nonsi

❹❶ Wat Yannawa ★

Schon in der Ayutthaya-Periode entstand diese Anlage, damals hieß sie Wat Kok Khwai, „Büffelstall-Tempel". Anfang des 19. Jh. erneuerte König Rama III. den Tempel. Als Huldigung an die chinesischen Dschunken, die Waren zwischen Thailand und China hin- und hertransportiert und so Wohlstand geschaffen hatten, ließ er ein **Gebäude in Form einer Dschunke** anlegen. Dieser wurden noch zwei Chedis aufgesetzt, um ihr ein religiöses Aussehen zu verleihen.

Die steinerne Dschunke – weiß und gelb gestrichen – steht an der Westseite des Tempelgeländes, nahe dem Fluss, und ist ein Unikat unter Thailands Tempelbauten – und ein Beleg dafür, wie reibungslos die Thais Weltliches und Religion verknüpfen. Eine Statue Ramas III. überblickt das Tempelgelände in Richtung Osten.

Nach dem Bau der Dschunke wurde der Tempel Wat Yannawa genannt: „Schiffstempel". Der Tempel gab sogar dem ganzen Stadtteil entlang der südlichen Charoen Krung Road seinen Namen, bis heute nennt man ihn Yannawa. In Yannawa lebten traditionell viele Chinesen. Einige historisch interessante chinesische Wohn- und Geschäftszeilen in Tempelnähe fielen Anfang des 21. Jh. jedoch leider der Planierraupe zum Opfer.

❯ Charoen Krung Rd., Yannawa, ca. 6–20 Uhr, kein Eintritt, BTS Saphan Taksin

◁ *Klassischer Thai-Tanz am Erawan-Schrein*

Entdeckungen außerhalb des Zentrums

42 „Schwimmender Markt" Taling Chan ★

Märkte, auf denen Händler ihre Waren vom Boot aus verkaufen, haben eine lange Tradition in Thailand. Diese sogenannten „**Wassermärkte**" (*talaat naam*, engl. *floating markets*) sind für viele Touristen attraktiv, präsentieren sie doch ein Thailand, das scheinbar schon lange vergangen ist. Von Bangkok aus ist der Markt in Taling Chan, ca. 15 km nordwestlich der Innenstadt, am leichtesten zu erreichen. Neben dem bunten Marktgeschehen, das von Paddelbooten (*samphan*) aus stattfindet, locken zahlreiche Stände mit traditionellen Thai-Gerichten, Snacks und Süßspeisen.

❯ Klong Chak Phra, Taling Chan, Thonburi, nur Sa. u. So. ca. 8–17 Uhr, AC-Bur Nr. 79

43 Siam Niramit ★ [V4]

Die aufwendige, gut gemachte Bühnenshow bringt dem Besucher das Zauberland Thailand mit all seinen farbenfrohen und mystischen Aspekten nahe (*siam niramit* = „Das Wunder Thailands"). In spannenden anderthalb Stunden werden Szenen aus der thailändischen Geschichte, thailändische Feste, ja selbst Himmel und Hölle auf die Bühne gezaubert bzw. nachgespielt oder -getanzt – ein **optisch und akustisch überschwängliches Spektakel**, das seinesgleichen sucht. Kinder verlassen das Auditorium (bietet 2000 Zuschauern Platz) sicher mit leuchtenden Augen, aber nicht nur Kinder.

❯ 19 Tiamruammit Rd., Huay Khwang, Tel. 02 6499222, www.siamniramit.com,

geöffnet 17.30–22 Uhr, Showtime 20–21.30 Uhr, Eintritt ca. 25 €, inkl. Dinner ca. 30 €, BTS: Thailand Cultural Centre, ab der Station fährt von 18 bis 19.45 Uhr alle 15 Min. kostenloser Zubringerbus zum Siam Niramit

44 Crocodile Farm ★

Mit 65.000 Krokodilen ist dies die **größte Krokodilsfarm der Welt**. Hier finden Shows, in denen „Dompteure" gewagt mit den Reptilien umgehen, und öffentliche Fütterung statt.

❯ **Shows:** jede volle Stunde bis 17 Uhr, außer 12 Uhr, zusätzliche Shows um 12 und 17 Uhr an Feiertagen, **Fütterungen:** 16.30–17.30 Uhr, **Elefanten-Shows** stündlich zwischen 9.30 und 16.30 Uhr.

❯ 555 Mu 7, Taiban Rd., Samut Prakarn, ca. 30 km von Bangkok-Mitte entfernt, Tel. 02 7034891/5, 7–18 Uhr, Eintritt ca. 7,50 €, Kinder 5 €, AC-Bus 8, 11

45 Ancient City (Mueang Boraan) ★★

Ca. 6 km südlich der Crocodile Farm liegt dieses 80 Hektar große Gelände, auf dem die **wichtigsten Monumente und Sehenswürdigkeiten auf ein Drittel verkleinert nachgebaut** sind. All dies ist eingebettet in eine wunderbare Parklandschaft mit Seen. Ancient City ist eine gute Möglichkeit, um sich einen Eindruck von den herausragenden Bauwerken Thailands zu verschaffen. Das Gelände kann auch per Fahrrad erkundet werden (Miete ca. 1,25 €).

❯ 296/1 Sukhumvit Rd., Bang Poo, Samut Prakarn, www.ancientcity.com, Tel. 02 70916448, Eintritt ca. 12 €, Kinder 6 €, AC-Bus 511 bis Endstation, dann Minibus 56, besser aber mit Taxi

Praktische Reisetipps

005bk Abb.: rk

Anreise

Mit dem Flugzeug

Verbindungen

Bangkoks internationaler **Suvarnabhumi Airport** ist mit zahlreichen europäischen Städten direkt verbunden. **Lufthansa** und **Thai Airways** fliegen ab Frankfurt 3- bis 5-mal täglich nonstop nach Bangkok. Ab Zürich geht es direkt mit der **Swiss**, ab Wien mit **Austrian Airlines**. Flüge mit diesen Gesellschaften sind relativ teuer, je nach Saison gibt es signifikante Preisunterschiede. Als Faustregel kann man mit etwa 1000 € für ein Hin- und Rückflugticket rechnen.

Sehr beliebt bei Leuten, die auf ihr Geld achten, ist die Fluggesellschaft **Emirates**, die von mehreren europäischen Flughäfen über Dubai nach Bangkok fliegt (Preise ab ca. 600 €). Emirates fliegt ab Düsseldorf, Frankfurt, Hamburg, München, Wien und Zürich. Der Nachteil ist, dass in Dubai eventuell ein mehrstündiger Zwischenstopp eingelegt werden muss.

Dazu gibt es zahlreiche weitere Verbindungen, die ein Umsteigen erfordern. Diese Flüge sind oft sehr preiswert, da sie mit den Airlines, die direkt und somit bequemer fliegen, konkurrieren müssen. Air Berlin etwa fliegt nur bis Abu Dhabi, wo man in die Partner-Airline Etihad Airways umsteigen muss.

> www.lufthansa.com
> www.thaiair.com
> www.swiss.com
> www.aua.com
> www.emirates.com

◁ *Vorseite: Mattenvermieter im Lumpini Park [N10]. Die Matten kann man für wenige Baht mieten.*

Vom Flughafen in die Innenstadt

Der Suvarnabhumi Airport befindet sich ca. 30 km östlich der Innenstadt Bangkoks. Von dort fahren natürlich **Taxis mit Taxameter** (siehe Hinweisschild „Public Taxi"). Bei diesen wird auf den Taxameter-Preis (selten mehr als 5 €, je nach Zielort und Verkehrslage) ein Flughafenaufschlag von 1,25 € erhoben. Eventuelle Highway-Gebühren (ca. 1–2,50 €) müssen vom Passagier bezahlt werden. Einige Fahrer versuchen, das Taxameter ausgeschaltet zu lassen und einen weit überhöhten Fahrpreis herauszuschinden. Daher sollte man stets darauf bestehen, dass das Taxameter eingeschaltet wird. Am Schalter, an dem die Taxis abfahren, wird ein Zettel mit der Wagennummer des Fahrers ausgehändigt. Es ist sinnvoll, diesen Zettel zu behalten, denn damit kann man im Bedarfsfall Beschwerde einlegen.

Meiden Sie die angeblich komfortableren **Limousinen,** deren Werber in der Ankunftshalle lautstark auf sich aufmerksam machen. Fahrten mit diesen Limousinen sind oft drei- bis viermal so teuer wie die Taxis und die Fahrer versuchen möglicherweise noch anderweitig an den Fahrgästen zu verdienen. Außerdem sind die Limousinen kaum bequemer als normale Taxis.

Alternativ fährt man mit einem kostenlosen Zubringerbus *(Shuttle Bus)* zum Busbahnhof *(Transport Center),* von dem aus **preiswerte Busse** weiter zu verschiedenen Zielen in der Innenstadt fahren. Zu empfehlen ist diese Methode nach einem langen Flug allerdings nicht unbedingt. Bus Nr. 552 fährt für ca. 70 Cent zur BTS-Station On Nut (Onnut), von der aus man mit dem Skytrain weiter in die Innenstadt gelangen kann.

042bk Abb.: rk

Airport Rail Link

2010 wurde der Airport Rail Link in Betrieb genommen, eine auf einer Hochtrasse fahrende Schnellbahn, die den Suvarnabhumi Airport mit der Innenstadt verbindet (www.bang kokairporttrain.com). Es gibt zwei Linien, die Express Line und die City Line. Erstere fährt nonstop **vom Flughafen zur Station Makkasan** (City Air Terminal, Stadtteil Pratunam, Fahrpreis 150 Baht, Fahrzeit 15 Min., Abfahrt alle 30 Min). Die City Line führt **vom Flughafen** über die Stationen Lat Krabang, Ban Thap Chang, Hua Mak, Ramkhamhaeng, Asoke, Makkasan und Ratchaprarob **zur Station Phaya Thai an der Phaya Thai Road** (Fahrpreis je nach Entfernung 15 bis 45 Baht, Fahrzeit 30 Min., Abfahrt alle 15 Min.). Die Züge verkehren zwischen 6 und 24 Uhr.

Lohnt sich die Fahrt mit dem Airport Link? Falls man zu zweit oder zu mehreren reist, lohnt sich die teu-

⊡ *Geduld ist eine buddhistische Tugend: Warten auf den Zug im Hualamphong-Bahnhof [19]*

re Express Line sicher nicht, denn für 200 bis 250 Baht gelangt man auch mit dem Taxi in die Innenstadt. Zudem müsste man ohnehin mit dem Taxi von der Endstation Makkasan noch bis zum eigentlichen Zielort weiterfahren. Außerdem ist in Betracht zu ziehen, dass man sein Gepäck über längere Wege und Treppen schleppen muss. Es gibt keine Rolltreppen oder Aufzüge! Hier hat man – wie so oft in Thailand – für viel Geld ein nur halb durchdachtes Endresultat geschaffen.

Für Einzelreisende lohnt der Zug nur, wenn man keine lange Weiterfahrt ab Makkasan zu bewältigen hat oder falls man es besonders eilig hat. Eine Taxifahrt von Makkasan z. B. zur Khao San Road kostet je nach Tageszeit ca. 81–85 Baht. Andererseits ist die Fahrt mit dem Schnellzug – der modernste Thailands – sicher auch ein Erlebnis.

Der Preis der City Line ist attraktiver, aber auch hier muss man die Nachteile (Gepäckschleppen, anschließende Taxifahrt) gegenüber einer Taxifahrt direkt ab Flughafen in Betracht ziehen.

Mietwagen

Bangkoks Verkehr ist an europäischen Verhältnissen gemessen recht chaotisch, und dazu kommen häufige Staus und der ungewohnte Linksverkehr – **keine guten Voraussetzungen zum Selberfahren,** zumal Taxis (s. S. 125) rund um die Uhr erhältlich sind und preiswert dazu.

Falls man einen Wagen mieten will, so empfehlen sich diese internationalen Firmen:

> **Avis,** Tel. 02 2553500/4, 02-Suvarnabhumi Airport 084–7008157/9
> **Hertz,** Tel. 02 2664666, im Suvarnabhumi Airport Tel. 086 7795456, www.hertz.com, Mietpreis pro Tag ab ca. 30 €
> **Budget Rent-A-Car,** Tel. 02 2039294, im Suvarnabhumi Airport, www.budget.co.th. Meist etwas günstiger als die oben genannten.

Zur Automiete ist ein **internationaler Führerschein** vorzulegen. Kleinere Anbieter verlangen oft den Reisepass als Pfand. Tun Sie dies nicht, sondern geben Sie immer nur eine Fotokopie!

Barrierefreies Reisen

Von der Infrastruktur her ist Bangkok **kein leichtes Pflaster für Menschen mit Behinderung.** Die Bürgersteige sind nicht immer im idealen Zustand, dafür sind sie oft vollgepackt mit Straßenständen, Garküchen oder kreuz und quer abgestellten Motorrädern. Behinderte, die im Rollstuhl unterwegs sind, ernten oft verwunderte Blicke, denn im öffentlichen Leben Thailands haben Behinderte kaum eine Präsenz. Organisierte Reisen für Menschen mit Behinderung nach Thailand (Pattaya) bietet das Reiseunternehmen Handicap Holiday:

> www.handicap-holiday.com

Diplomatische Vertretungen

- **149** [N12] **Deutsche Botschaft,** 9 South Sathorn Rd., Bangkok 10120, Tel. + 66 2 2879000, nur in Notfällen Tel. (081) 8456224, www.bangkok.diplo.de, Mo. – Fr. 8.30 – 11.30 Uhr, MRT: Lumpini
- **150** [O12] **Österreiche Botschaft,** 14 Soi Nantha-Mozart, Sathorn Soi 1, Bangkok 10120, www.aussen ministerium.at/bangkok, Tel. +66 2 1056710, Mo. – Fr. 9 – 12 Uhr, MRT: Lumpini
- **151** [P8] **Botschaft der Schweiz,** 35 North Wireless Rd., Bangkok 10330, Tel. +66 2 2530156, www.eda.admin.ch/bangkok, Mo. – Fr. 9 – 11.30 Uhr, BTS: Chitlom

Ein- und Ausreise- bestimmungen

Aufenthaltsgenehmigung/ Visum

Bei Aufenthalten bis 30 Tagen ist kein Visum nötig. Bei Einreise per Flugzeug erhalten Bürger Deutschlands, Österreichs und der Schweiz eine **Aufenthaltsgenehmigung von 30 Tagen.** Denken Sie daran, dass der erste Tag schon als voller Tag zählt, das Visum gilt also praktisch für 29 Übernachtungen. (Bei der Einreise per Bahn oder Bus von einem Nachbarland aus werden zurzeit nur 15 Tage gewährt.) Am Einreiseschalter ist neben dem Pass ein ausgefülltes **Einreiseformular** (embarkation card) vorzulegen. Das Formular wird i. d. R. im Flugzeug von der Crew ausgehändigt. **Wichtig:** Kinder benötigen einen eigenen Reisepass, der Eintrag im Pass der Eltern reicht nicht mehr aus.

Wer länger bleiben will, muss bei einer thailändischen Auslandsvertretung ein **Touristenvisum** einholen. Dieses berechtigt zu einem Aufenthalt von maximal 60 Tagen (Gebühr: 25 €). Dieses Visum kann auch als Mehrfachvisum ausgestellt werden *(multiple visa),* in diesem Fall kann man damit 2-mal 60 oder 3-mal 60 Tage ins Land reisen (wohlgemerkt nicht am Stück, mit Aus- und wieder Einreise zwischen den 60-Tage-Blöcken). Die Visakosten vervielfachen sich dementsprechend.

Für ein Touristenvisum wendet man sich an die **nächste thailändische Auslandsvertretung.** Der Visumsantrag kann auch postalisch ausgeführt werden. Anfragen bei diesen Adressen:

> **Königlich Thailändische Botschaft in Berlin,** Lepsiusstr. 64–66, 12163 Berlin, Tel. 030 794810, Fax 030 79481511, Mo.–Fr. 9–13 Uhr (Visastelle), www.thaiembassy.de/en. Weitere Konsulate in Essen, Frankfurt/Main, Hamburg, München und Stuttgart.

> **Königlich Thailändische Botschaft in Wien,** Cottagegasse 48, 1180 Wien, Tel. 01 4783335, Fax 01 4782907, www.thaiembassy.at, Mo.–Fr. 9–12 Uhr (Visastelle). Weitere Konsulate in Dornbirn, Innsbruck und Salzburg.

> **Königlich Thailändische Botschaft in Bern,** Kirchstr. 56, 3097 Bern-Liebefeld, Tel. 031 9703030, Fax 031 9703035, Mo.–Fr. 9–12 Uhr. Weitere Konsulate in Basel, Genf und Zürich.

Visumsverlängerung

Touristenvisa oder die 30-Tage-Einreisegenehmigung werden derzeit nur **um eine Woche verlängert,** das Reglement ändert sich aber ständig. Verlängerungen sind im Immigration Office zu beantragen. Folgendes ist mitzubringen: Reisepass, eine Fotokopie der Seiten mit den Personalangaben, ein Passfoto und ca. 38 € Verlängerungsgebühr. Das Büro liegt weit außerhalb des Zentrums im Norden.

> **Immigration Office,** Building B, Bangkok Government Center, Mu 3, 120 Chaengwattana Rd. Soi 7, Laksi, Bangkok 10120, Tel. 02 1419889, Mo.–Fr. 8.30–12 u. 13–16.30 Uhr, Bus Nr. 166 vom Victory Monument

Zollbestimmungen

Einfuhr

Der thailändische Zoll erlaubt die Einfuhr von max. 200 Zigaretten, 250 g Tabak oder Zigarren und 1 Liter Spirituosen. Verboten ist die Einfuhr von Drogen, pornografischem Material, Falschgeld, geschützten Tierarten und – witzigerweise – Piratenprodukten (die überall in Bangkok erhältlich sind).

Bei Passagieren werden Stichproben gemacht und wer zu hohe Mengen der o. g. erlaubten Güter bei sich führt, wird mit einer empfindlichen Geldstrafe belegt. In den letzten Jahren sind diese Kontrollen verschärft durchgeführt worden.

EXTRAINFO

Drogen

Auf Drogenbesitz und -handel stehen **hohe Strafen, maximal die Todesstrafe.** Dealer arbeiten oft mit der Polizei zusammen und verraten einen ihrer Kunden, um dann gemeinsam mit der Polizei Geld von ihm zu erpressen. Einen schockierenden Einblick in die Zustände in thailändischen Gefängnissen bietet das Buch „4,000 Days: My Life and Survival in a Thai Prison" von Warren Fellows (St. Martin's Griffen, 2000).

Ausfuhr

Die Ausfuhr von **Buddha-Figuren, -Amuletten, Antiquitäten, Pflanzen und Saatgut** u.a. unterliegt Beschränkungen. Im Falle der Buddha-Figuren, Antiquitäten usw. ist die Genehmigung des **Department of Fine Arts** einzuholen:

● **152** [C6] **Department of Fine Arts**, Na Prathat Rd., Bangkok 10200, Tel. 02 2217811, 02 2230976, www.finearts.go.th

Einfuhr nach Europa (Höchstmengen)

› **Tabakwaren** (für Personen ab 17 Jahren): 200 Zigaretten oder 100 Zigarillos oder 50 Zigarren oder 250 g Tabak bzw. eine anteilige Kombination dieser Waren.

› **Alkohol** (für Personen ab 17 Jahren): 1 l Spirituosen über 22 Vol.-% oder 2 l Spirituosen unter 22 Vol.-% bzw. eine anteilige Kombination der beiden, 4 l nichtschäumende Weine und 16 l Bier. In die Schweiz: 2 l bis 15 Vol.-% und 1 l über 15 Vol.-%.

› **Andere Waren:** Neu angeschaffte Waren für den Privatgebrauch im Wert bis zu 430 €, bei Personen unter 15 Jahren bis zu 175 €. In die Schweiz: bis zu 300 CHF.

Elektrizität

In Thailand sind **verschiedene Steckertypen** in Gebrauch, zweipolige Rundstecker wie in Mitteleuropa, dazu Flachstecker oder Dreierstecker. Meistens können mitteleuropäische Stecker verwendet werden, zur Sicherheit ist jedoch ein internationaler Steckeradapter ratsam.

Geldfragen

Währung

Die **Landeswährung ist der Baht**, der in 100 Satang unterteilt ist. In Umlauf sind Münzen zu 25 und 50 Satang sowie zu 1, 2, 5 und 10 Baht. Geldscheine gibt es in Stückelungen zu 20 (grün), 50 (blau), 100 (rot), 500 und 1000 Baht (braun). Dazu gibt es noch einen alten 10-Baht-Schein (braun), der jedoch nur noch vereinzelt im Umlauf ist. Am häufigsten sind 20-Baht-Scheine. Bei den Zweiermünzen gibt es zwei Varianten: eine silberne Münze, die der Ein-Baht-Münze zum Verwechseln

043bk Abb.: rk

◁ *Vitamine auch tief in der Nacht: Obsthändler in „Little Arabia", Sukhumvit Soi 3/1 [Q8]*

ähnlich sieht, und eine etwas größere messingfarbene Münze.

Taxi- oder Tuk-Tuk-Fahrer können 500- oder 1000-Baht-Scheine oft nicht wechseln. Für Bus- oder Bootsfahrten ist Kleingeld bereitzuhalten.

> **Wechselkurs** (Herbst 2013):
    1 € = 42 Baht, 1 SFr = 34 Baht;
    1 Baht = 0,023 € bzw. 0,029 SFr

Wichtiger Hinweis: Debitkarten, die mit der **Vpay-Funktion** ausgestattet sind, funktionieren in Thailand nicht (www.vpay.de)!

Reisekasse

Man kann sowohl mit Reiseschecks, Bargeld oder Kreditkarte – oder einer Kombination aller drei – anreisen. Euro und Franken können problemlos eingewechselt werden, bar oder in Scheckform, ebenso alle anderen namhaften Währungen, dazu die wichtigsten asiatischen Währungen. Wenn man größere Summen einwechseln möchte, lohnt sich unter Umständen der Kursvergleich an den Schaltern verschiedener Banken, die Kurse können leicht unterschiedlich sein. Wechselschalter finden sich in den touristischen Bereichen sehr zahlreich (z. B. Khao San Rd., Siam Square, Sukhumvit, Pratunam), ebenso in größeren Shoppingcentern.

In Zentral-Bangkok ist man selten weiter als 100 m vom nächsten **Bankautomaten** entfernt und dort lässt sich mit der Kreditkarte oder Maestro-(EC-)Karte thailändisches Bargeld abheben. Die meisten Banken streichen bei jeder Transaktion mit einer ausländischen Karte eine Gebühr von 3–5 € ein (zusätzlich zu der Gebühr der Heimatbank). Beim Wechseln von Reiseschecks wird eine minimale Gebühr pro Scheck einbehalten.

Preise und Kosten

Das **Preisniveau** ist an europäischen Maßstäben gemessen **sehr niedrig.** Die Mehrheit der Bangkoker bezieht Gehälter von ca. 200 bis 300 € im Monat und lebt davon gar nicht schlecht. Die Kosten schnellen in die Höhe, wenn man sich westlichen Luxus gönnen will, eine Flasche Wein etc.

Je nach Ansprüchen kommt man mit jedem Budget in Bangkok zurecht. Ein Backpacker, der in einem Guest House in der Khao San Road wohnt, kann mit 10 bis 20 € pro Tag auskommen. Ein Tourist, der in einem guten Mittelklassehotel wohnt, in entsprechenden Restaurants isst, wird vielleicht 40 bis 80 € ausgeben. Selbst 5-Sterne-Hotels sind bei Preisen ab ca. 100 € zurzeit vergleichsweise sehr preiswert.

Mehrwertsteuerrückzahlung

Ausländische Besucher, die Waren im Wert von mindestens 3000 Baht gekauft haben, können sich die darin enthaltene Mehrwertsteuer (7 %), in Thailand „V.A.T." genannt, zurückerstatten lassen. Dazu ist beim Kauf zunächst ein Formular auszufüllen. Dieses legt man beim Abflug in einem Zollamt im Suvarnabhumi Airport – nach dem Einchecken, aber noch vor der Passkontrolle – mit Bordpass und Reisepass vor. Die Papiere werden abgestempelt, danach kann man sich das Geld an einem Schalter in der Abflughalle – *nach* der Passkontrolle – auszahlen lassen (Schalter „Tax Refund"). Eine Bearbeitungsgebühr von ca. 2,50 € wird einbehalten. Theoretisch müssen die gekauften Gegenstände im Handgepäck mitgeführt und den Beamten gezeigt werden, oft aber wird nicht danach verlangt.

Informationsquellen

Infostellen zu Hause

Die staatliche **Tourism Authority of Thailand (TAT)** unterhält Informationsbüros in zahlreichen Ländern. Dort bekommt man kostenloses Infomaterial, alternativ kann man telefonisch oder per E-Mail Auskünfte einholen.

> **Thailändisches Fremdenverkehrsamt Deutschland**, Bethmannstr. 58, 60311 Frankfurt/Main, Tel. 069 1381390, info@thailandtourismus.de, www.thailandtourismus.de

> **Thailändisches Fremdenverkehrsamt Österreich**, zurzeit nur mit virtuellem Büro: www.tourismusthailand.at. Für alle weiteren Angelegenheiten wende man sich an die o. g. Abteilung in Frankfurt.

> **Thailändisches Fremdenverkehrsamt Schweiz**, Zähringerstr. 16, 3012 Bern, info@tourismthailand.ch, www.tourismthailand.ch, Tel. 031 3003088

Infostellen in der Stadt

In den TAT-Büros (s. o.) werden stapelweise kostenlose Broschüren ausgehändigt, außerdem ist eine persönliche Beratung möglich (auf Englisch):

> ❶ 153 [S7] **TAT Head Office**, 1600 New Petchaburi Rd. (leider ungünstige Lage), Bangkok 10400, center@tat.or.th, www.tourismthailand.org, Tel. +66 2 2505500, Mo.–Fr. 8–17 Uhr, BTS: Ratchathewi

> ❶ 154 [G5] **TAT**, 4 Ratchadamnoen Nok Ave., Bangkok 10100, Tel. +66 2 2829775, tgl. 8.30–16.30 Uhr

Bangkok im Internet

> www.ajarn.com – Englischsprachiges Thailand-Forum, vor allem genutzt von Ausländern, die sich in Thailand als Englischlehrer durchschlagen (*ajarn* = Lehrer).

> www.asiancorrespondent.com – Ein Blog, das sich mit den Wirren der thailändischen Politik beschäftigt.

> www.auswaertiges-amt.de – Das Auswärtige Amt der BRD mit landesspezifischen Informationen und ggf. Sicherheitshinweisen.

> www.bangkokpost.com – Der Onlineauftritt der Bangkok Post, Thailands bester englischsprachiger Tageszeitung.

> www.der-farang.com – Deutschsprachige Nachrichten aus Thailand, mit Schwerpunkt auf Pattaya.

> www.nationmultimedia.com – Homepage von The Nation, Thailands zweiter englischsprachiger Tageszeitung, leider oft in unzureichendem Englisch.

> www.nittaya.de – Deutschsprachiges Thailand-Forum.

> www.notthenation.com – Exakt aufgemacht wie das Portal von The Nation, die Website hat allerdings nichts mit der Zeitung zu tun: Aktuelles thailändisches Geschehen wird satirisch aufgegriffen, witzig und frech.

> www.stickmanbangkok.com – Infos und Artikel zu Bangkok, vor allem zum Nachtleben (engl.).

> www.teakdoor.com – Englischsprachiges Thailand-Forum.

> www.thai360.com – Englischsprachiges Thailand-Forum.

> www.thaivisa.com/forum – Englischsprachiges Thailand-Forum.

Zeitungen und andere Publikationen

Englischsprachige Zeitungen oder Magazine sind in Bangkok bzw. Thailand rar. Allen voran stehen die Tageszeitungen **The Bangkok Post** und **The Nation,** wobei erstere gegenüber The Nation die bessere Berichterstattung bietet. Dazu gibt es ein paar kostenlose englischsprachige Postillen, die sowohl in Hotels als auch in

Meine Literaturtipps

> Achille Clarac: **Guide to Thailand,** Oxford University Press/Duang Kamol Book House, 1981. Kaum ein anderer westlicher Autor hat Bangkoks oder Thailands Tempel so gründlich beschrieben wie Clarac. Das Buch ist nicht mehr in Druck, aber gelegentlich noch in modernen Antiquariaten zu finden, die Suche lohnt sich.

> Philip Cornwell-Smith: **Very Thai,** River Books, 2005. Tolles Buch, das die Eigenschaften und Macken der Thais humorvoll und informativ unter die Lupe nimmt, begleitet von Fotos, die selbst schon eine Geschichte erzählen.

> Nicolas Gervaise: **The Natural and Political History of the Kingdom of Siam,** White Lotus Co, Bangkok, Nachdruck eines Buches von 1688. Die Gegenwart kann nur verstehen, wer die Vergangenheit kennt: Gervaise zeichnet ein Bild der Thais im 17. Jh., das teilweise auch heute noch seine Gültigkeit hat.

> Stephen Leather: **Private Dancer,** Monsoon Books, 2006. Kaum ein Roman beschreibt besser die Faszination, die Bangkoks Go-go-Girls auf viele westliche Männer ausüben, und die Fallen, die auf diese Männer lauern.

> Nick Nostitz: **Patpong: Bangkok's Twilight Zone,** Westzone Publishing, 2000. Der in Bangkok lebende deutsche Fotograf Nick Nostitz hat den Rotlichtbezirk Patpong in fesselnden Schwarzweißbildern festgehalten.

> Pasuk Phongpaichit, Sungsidh Piriyarangsan, Nualnoi Treerat: **Guns, Girls, Gambling, Ganja,** Silkworm Books, Bangkok 2000. Ein Einblick in die kriminelle Unterwelt Thailands und in eine Welt, die in keinem Reiseführer zu finden ist.

> Sunthon Sukphisit: **The Vanishing Face of Thailand,** Post Books, Bangkok 1997. Das Buch bringt dem Leser kulturelle Eigenarten Thailands und Traditionen nahe, die im Aussterben begriffen sind.

> Alec Waugh: **Bangkok: The Story of a City,** Elan Press, 2007. Neuauflage eines Klassikers über Bangkoks Geschichte, gut recherchiert und lebendig geschrieben.

> Roger Willemsen und Ralf Tooten: **Bangkok Noir,** Fischer, 2009. Der Fotograf Tooten fängt die Faszination des nächtlichen Bangkok gekonnt ein, die Paarung mit dem Text von Willemsen - überkandidelt, melodramatisch und verknotet wie der Leib eines Verrenkungskünstlers - ist jedoch nicht die glücklichste.

Restaurants ausliegen. Diese sind in erster Linie dazu angelegt, Unternehmen eine Werbefläche zu bieten, warten aber auch mit dem einen oder anderen lesenswerten Artikel auf. Kommerziell vertriebene englischsprachige Stadtmagazine gibt es zurzeit nicht.

Internet

Internetcafés gibt es in Bangkok viele, vor allem in touristischen Bereichen wie Khao San Road [D/E5]. Eine Stunde Benutzung kostet weniger als 1 €. Zudem bieten eine zunehmende Zahl von Restaurants, Bars oder Hotels WLAN-Internet. Eine umfangreiche Liste dieser WLAN-Spots findet man auf:

❯ www.stickmanbangkok.com, Rubrik „Free WiFi Hot Spots in Thailand"

Kleidung und Ausrüstung

Leichte Sommerkleidung ist angesagt. Eine Jacke braucht man so gut wie nie in Bangkok, nur ganz selten kommt es im Dezember zu einer wenige Tage anhaltenden „Kältewelle", während der die Nachttemperaturen bis auf 15 °C fallen können. Tagsüber herrschen aber auch dann Temperaturen in den hohen Zwanziger-Bereichen. Ansonsten ist es das ganze Jahr über tropisch heiß (s. S. 126). In Bangkok selber kann man sich sehr preiswert mit **leichter Baumwollkleidung** eindecken. In der Regenzeit lässt sich ab ca. 2 € notfalls ein Schirm kaufen.

Halten Sie es mit der Kleidung aber **nicht zu schludrig:** Mit schlampig oder schmutzig aussehenden Leuten möchte kaum ein Thai etwas zu tun haben. Shorts, Unterhemden, Tops und Gummilatschen sind nur am Strand angemessen, nicht in Bangkok. Man muss sich nur umsehen, wie adrett die Thais gekleidet sind.

Medizinische Versorgung

Krankenversicherungen

Die Kosten für eine Behandlung in Thailand werden von den gesetzlichen Krankenversicherungen in Europa nicht übernommen, daher ist eine private **Auslandskrankenversicherung unbedingt notwendig.** Beim Abschluss der Versicherung ist darauf zu achten, dass ein **Vollschutz ohne Summenbeschränkung** besteht sowie im Falle einer schweren Krankheit oder eines größeren Unfalls auch die Möglichkeit des **Krankenrücktransports.** Wichtig ist auch, dass der Versicherungsschutz über die vorher festgelegte Zeit hinaus automatisch verlängert wird, wenn die Rückreise nicht möglich ist.

Schweizer sollten bei ihrer Versicherung nachfragen, ob die Auslandsdeckung auch für Thailand gilt. Falls dies nicht der Fall sein sollte, kann man sich kostenlos bei Soliswiss über mögliche Krankenversicherer informieren:

❯ **Soliswiss,** Gutenbergstr. 6, 3011 Bern, Tel. 031 381 0494, www.soliswiss.ch

◁ *Durchgestylte Jugendliche bei einem Mode-Event*

Impfungen

Für eine Reise nach Bangkok und Umgebung sind keinerlei besondere Vorbeugeimpfungen nötig.

Adressen

Die medizinische Versorgung in Bangkok ist sehr gut, einige Kliniken bieten westlichen Standard. Die Behandlung hat in diesem Fall aber ihren Preis. Hier eine Auswahl an Krankenhäusern:

✚155 [I5] **Bangkok Mission (Adventist) Hospital**, 43 Phitsanulok Rd., Tel. 02 2821100, Notfall-Tel. 02 2821177, www.mission-hospital.org. Empfehlenswert ist auch das relativ preisgünstige Bangkok Mission (Adventist) Hospital. Wie alle Mission-Hospitäler in Thailand hat auch dieses eine vegetarische Kantine.

✚156 [Q8] **Bumrungrad Hospital**, 33 Soi Sukhumvit 3, Tel. 02 6671000, Notfall-Tel. 02 6672999, www.bamrungrad.com, BTS: Nana. In einem Krankenhaus wie dem Bumrungrad Hospital, dem bevorzugten Krankenhaus vieler in Bangkok lebender Ausländer und wohlhabender Thais, können Tageskosten von einigen Hundert Euro anfallen. Im Bumrungrad arbeiten auch einige deutschsprachige Ärzte.

✚157 [B5] **Siriraj Hospital**, Prannok Rd., Thonburi, Tel. 02 4197508, www.si.mahidol.ac.th. Sehr preiswert, dabei dennoch zuverlässig ist das Siriraj Hospital, in dem sich selbst der thailändische König behandeln lässt. Allerdings ist der Andrang dementsprechend groß und eventuell sind Wartezeiten in Kauf zu nehmen.

✚158 [M4] **Thai Travel Clinic**, 420/6 Rajvithi Rd., Tel. 02 3549100, dann mit Nr. 3034 verbinden lassen, BTS: Victory Monument, www.thaitravelclinic.

com. Mo.–Fr. 8–13.30 Uhr bzw. bis 16 Uhr nach Vereinbarung, Sa. 9–12 Uhr, geschlossen an Feiertagen. Die Abteilung für Tropenkrankheiten der Mahidol University bietet Beratung, Tests auf diverse Tropenkrankheiten, Prophylaxe (Impfungen etc.) und Behandlung.

Weitere Adressen:

✚159 [L11] **Bangkok Christian Hospital**, 124 Silom Rd., Tel. 02 233699-1 bis 9

✚160 **Bangkok General Hospital**, Soi 47 New Petchaburi Rd., Tel. 02 3180066

✚161 [M10] **Chulalongkorn Hospital**, Chulalongkorn University, Siam Sq., Rama IV. Rd., Tel. 02 2528181

✚162 [N6] **Phya Thai Hospital**, 361/4 Sri Ayutthaya Rd., Tel. 02 2452620

✚163 [V10] **Samitivej Hospital**, 133 Soi 49, Sukhumvit, Tel. 02 39200-10 bis 19

✚164 [K13] **St. Louis Hospital**, 215 South Sathorn Rd., Tel. 02 6755000

Notfälle

Notruf

Bei der regulären Polizei (Notruf Tel. 191) kann man aufgrund von Kommunikationsschwierigkeiten nur wenig ausrichten. Unter **Tel. 1155** ist die **Tourist Police** zu erreichen, die für die Anliegen von Touristen zuständig ist und deren Beamte zumindest rudimentäre Englischkenntnisse aufweisen. Hundertprozentige Arbeit sollte auch hier nicht erwartet werden, manchmal stecken sie mit Betrügern unter einem Hut.

Kartenverlust

Bei Verlust deutscher Maestro-, Kredit- und SIM-Karten gilt überwiegend die einheitliche **Sperrnummer 0049 116116**, im Ausland zusätzlich die

Nummer 0049 3040504050. Details finden sich unter www.sperr-notruf.de. Es empfiehlt sich, vor der Reise (von einem erhaltenen Merkblatt bzw. der Kartenrückseite) die individuelle Karten-Sperrnummer zu notieren. Bei Reiseschecks ist der Kaufbeleg mit den Seriennummern der Schecks aufzubewahren.

Da es für österreichische und Schweizer Karten leider keine zentrale Sperrnummer gibt, sollten sich deren Inhaber nach einer aktuell gültigen Notrufnummer ihres jeweiligen Kreditkartenanbieters erkundigen.

Geldüberweisung

Im Notfall lässt sich leicht Geld nach Bangkok transferieren. Die Firma **Western Union** unterhält zahlreiche Zweigstellen in Europa, von denen aus Geld an eine Zweigstelle in Bangkok überwiesen werden kann. Innerhalb von ein oder zwei Stunden kann man so das Geld gegen Vorlage des Reisepasses und der Transaktionsnummer entgegennehmen.

❯ www.westernunion.com

Mit Kindern unterwegs

Thais sind extrem kinderlieb und man wird sich rührend um Ihre Kinder kümmern. Dennoch sind Spielplätze eine Seltenheit und der Stadtstress kann Kindern zusetzen. Wer seinen Kindern eine besondere Freude bereiten will, kann unter den folgenden Attraktionen auswählen:

● **165** [W12] **Bangkok Planetarium,** Ekamai, Sukhumvit (nahe Eastern Bus Terminal), Tel. 02 2391773, BTS: Ekamai. Astronomische Ausstellungen

und Vorführungen (auf Englisch nur Di. 10 Uhr), vor allem für ein junges Publikum geeignet. Geringer Eintritt.

● **166** **Dream World,** 62 Mu 1, Rangsit-Nakhorn Nayok Rd., Km 7, Thanyaburi, Pathum Thani, Tel. 02 5778666, www.dreamworld-th.com, Bus Nr. 188 vom Northern Bus Terminal (Mochit) oder Nr. 538 vom Victory Monument, besser aber per Taxi oder mittels Package-Programm des Unternehmens, Eintritt ca. 30 € inkl. Transfer ab/zum Hotel (nur Bangkok-Innenstadt). Bangkoks größter Vergnügungspark (ca. 35 km nordöstlich der Innenstadt gelegen) mit Achterbahnen und sonstigem wilden Fahrgerät, einer Sturmmaschine, einer Hollywood-Action-Show, Themenbereichen mit Feen oder mit Riesen. Besonders geeignet für kleinere Kinder.

❯ **Madame Tussaud's** (s. S. 59). Kinder und Jugendliche könnten sich auch für die wächsernen Ebenbilder ihrer Idole interessieren.

● **167** **Safari World,** 99 Panya-Intra Rd., Samwatanawantok, Klongsamwa, Minburi, Tel. 02 9144100/19, www.safariworld.com, Mo.–Fr. 9–17, Sa./So. 9–18 Uhr, Eintritt ca. 17,50 €, Kinder 10 €, Anfahrt am besten per Taxi. Safari-Park mit Tiershows und -fütterungen, Aquarien, Dschungeltour und Cowboy-Film-Shows.

● **168** [M8] **Siam Ocean World,** B1–B2 Siam Paragon, 991 Rama I. Rd., Tel. 02 6872000, www.siamoceanworld.co.th, 9–22 Uhr, Haifütterungen um 13 und 16 Uhr, Eintritt überteuerte 43 €, Kinder 34 €, bei Buchung über die Homepage des Unternehmens vertretbarere 22,50/17,50 €, BTS: Siam. In zwei Untergeschossen des Siam Paragon Shopping Center befindet sich ein Aquarium mit Haien, Rochen, Pinguinen und zahlreichen exotisch-bunten Fischgattungen. Sehr sehenswert sind die Unterwasserwelten besonders für Kinder, der

Eintrittspreis ist am Landesstandard gemessen jedoch zu hoch (spezieller „Ausländerpreis"). Thais zahlen weniger.

●**169 Siam Park City,** 99 Sri Thai Rd., ca. 20 km nordöstl. der Innenstadt, Tel. 02 91972005, www.siamparkcity. com, tgl. 10–18 Uhr, Eintritt 5 €, Kinder 2,50 €, dazu separate Eintrittsgebühr je nach besuchter Attraktion, Anfahrt am besten per Taxi. Vergnügungspark mit Wasserpark, Zoo, botanischem Garten, Riesenrad und anderen diversen Nervenkitzelspots. Ein großer Spaß für Kinder.

Öffnungszeiten

Die meisten **Kaufhäuser** oder **Shoppingcenter** sind täglich von 10 bis 22 Uhr geöffnet, 365 Tage im Jahr, einige wenige schließen um 21 Uhr. **Kleinere Geschäfte** haben unterschiedliche Öffnungszeiten, ca. 8/9/10 Uhr bis 18/20/22 Uhr. Diese kleineren Läden sind eventuell an (manchen) Feiertagen geschlossen. Die größte Massenschließung von Läden findet während des chinesischen Neujahrsfests statt (s. S. 15), dann schließen manche Geschäfte gleich für zwei oder drei Tage.

Banken sind in der Regel 8.30–15.30 Uhr geöffnet, darüber hinaus sind aber zahllose Wechselstuben in Betrieb, meist bis 22 Uhr. Staatliche **Ämter** sind zumeist 8.30–16.30 Uhr geöffnet.

Post

Mit wachsender Verbreitung von Internet und Handys sind Thailands Postämter zunehmend leerer geworden. Der Versand von Briefen, Postkarten und Paketen erfolgt zuverlässig und preiswert. Laufzeit ca. 7–10 Tage. Relativ teuer sind Express-Sendungen (EMS).

✉**170** [H11] **G.P.O. (Hauptpostamt),** 1165 Charoen Krung Rd. (New Rd.), Tel. 02 233 1050, Mo.–Fr. 8–16, Sa. 8–12 Uhr

Schwule und Lesben

Schwule *(gay, thut)* und Lesben *(tom, tomboy)* werden in der thailändischen Gesellschaft – vor allem in Bangkok – **völlig akzeptiert,** für die Thais ist dies kein großes Thema. Beinahe alle Hotels sind daher „homofreundlich". Im Ostbereich der Suriwong Rd. finden sich einige **Hotels,** in denen Homosexuelle besonders willkommen geheißen werden, so das sehr gute Tarntawan Place (119/5–10 Suriwong Rd., Tel 02 2382620, www. tarntawan.com) und Rose Hotel (118 Suriwong Rd., Tel. 02 266 8268). **Beliebte Restaurants** unter Homosexuellen sind Harmonique (s. S. 40), Eat Me (s. S. 43) und Cabbages and Condoms (s. S. 40). **Info-Websites:**

❭ www.dreadedned.com
❭ www.utopia-asia.com
❭ www.bangkoklesbian.com

Sicherheit

Bangkok ist, verglichen mit den meisten westlichen Metropolen, **sehr sicher.** Dennoch seien hier einige **Vorsichtsmaßnahmen** aufgeführt:

❭ **Handtaschendiebstähle** vom Motorrad aus kommen vor, daher sollte man die Handtasche auf der Straße abgewandten Seite tragen.

❭ In einigen engen Bars oder Klubs sind gelegentlich **Taschendiebe** am Werk – genauer gesagt -diebinnen, denn es handelt sich meist um Frauen. Man sollte daher nicht mehr Geld als nötig mitnehmen und Portemonnaie und Handy gut verstauen. Eine enge Jeans hilft.

> Frauen, die sich aus Discos ins Hotel mitnehmen lassen, mischen gelegentlich eine **Knock-out-Droge** ins Getränk. Wenn das Opfer nach 12 Stunden Tiefschlaf aufwacht, sind die Wertsachen weg. Daher sollte man seinen Drink nicht aus den Augen lassen. Häufig sind die Täter „ladyboys" (Transsexuelle), die von manchen Touristen nicht als solche erkannt werden. Hilfe von der Polizei ist nicht zu erwarten.

> Einige „ladyboys", die in Gruppen auftreten, begehen spät nachts im Bereich von Sukhumvit [S10] **Diebstahl oder Raub.** Ein Mitglied der Gruppe lenkt das Opfer durch einen gezielten Griff in die Weichteile ab, während ein anderer die Geldbörse aus der Tasche lupft.

> Meiden Sie **Einladungen angetrunkener Thais,** die irgendwo an einem Straßenstand zechen. Ein winziger kultureller Fauxpas Ihrerseits kann die Stimmung im Nu umschlagen lassen, angetrunkene Thais können extrem reizbar sein.

> Mehr zum Thema: „Auf den Fersen der Touristen: Nepper, Schlepper, Bettler" s. S. 76.

Sport

Radfahren

S171 [E5] **Velothailand,** Soi 4 Samsen Rd., Banglamphoo, Tel. 02 6288628, 089 2017782. Hier werden organisierte Fahrradtouren angeboten. Die Fahrten beginnen um 18 Uhr und führen auf verschlungenen Wegen nach Thonburi und zurück – abendliches Sightseeing und Sport zugleich.

▷ *Frauen ohne Gnade: Italienerin und Thailänderin beim Thai-Boxen*

Thai-Boxen

Thai-Boxen bzw. *muay thai* ist *der* **thailändische Nationalsport,** auch wenn Fußball zunehmend beliebter wird. In zwei Stadien können Boxkämpfe beobachtet werden:

S172 [O11] **Lumpini Boxing Stadium,** Rama 4. Rd., Tel. 02 2528765, www. muaythailumpini.com, MRT: Lumpini, Tickets ca. 25 €, Termine siehe Website

S173 [G5] **Ratchadamnoen Boxing Stadium,** 1 Ratchadamnoen Nok Ave., Tel. 02 2814205, Tickets ca. 40 €, Kämpfe Mo., Mi., Do., So. meist 18.30 Uhr

Die Eintrittspreise für Ausländer sind vielfach höher als die für thailändische Besucher. Möglicherweise bietet sich aber eine **kostenlose Alternative:** Am Vorplatz vor dem Tokyu Department Store/MBK (s. S. 25) an der Rama I. Rd. werden oft kostenlose Schaukämpfe abgehalten, teilweise mit westlichen Boxern, auch Frauen. Die Kämpfe finden üblicherweise von November bis April mittwochs zwischen 18.30 und 21 Uhr statt.

046bk Abb.: rk

Sprache

In Hotels und touristisch ausgerichteten Restaurants kommt man mit **Englisch** zurecht. Man darf aber keinen allzu hohen Standard erwarten – Englisch ist für Thais sehr schwer zu lernen und die Schulbildung des Personals ist meist gering. Abseits der Touristenpfade muss man häufig auf einfachste Sprachbrocken und Zeichensprache zurückgreifen. In vielen Geschäften zeigen die Verkäufer den Preis auf dem Taschenrechner an, weil sie die englischen Zahlen nicht kennen.

Dem westlichen Besucher selbst wird das **Thai** – so man sich daran versucht – nicht minder schwer fallen. Thai ist eine tonale Sprache und ein kleiner Fehler im Tonfall kann einem Wort eine völlig andere Bedeutung verleihen. Einige Beispielsätze und -worte sind in der „Kleinen Sprachhilfe" im Anhang dieses Buches zusammengefasst.

❯ **Buchtipp:** „Thai – Wort für Wort" von Martin Lutterjohann, Kauderwelsch-Band 19, REISE KNOW-HOW Verlag, am besten gleich mit AusspracheTrainer (auf CD)

Stadttouren

Stadtrundfahrten werden von zahlreichen Reiseunternehmen organisiert. Eine ganze Reihe findet man in der Khao San Road [D/E5] oder entlang

Sukhumvit [S10]. Wer im Verlauf der Tour zu irgendeinem Geschäft gekarrt wird, sollte nichts kaufen – renommierte Geschäfte haben solche Schlepperaktionen nicht nötig, der Käufer zieht in diesem Fall mit Sicherheit den Kürzeren.

Straßenverkehr

In Thailand herrscht **Linksverkehr.** Diese Grundregel scheint aber nicht selten außer Acht gelassen zu werden, denn thailändische Verkehrsteilnehmer **wechseln gerne beliebig die Spur,** es geht kreuz und quer durcheinander. Besonders unberechenbar sind die Motorradfahrer, unter denen auch die meisten Verkehrstoten zu beklagen sind. An westeuropäischen Verhältnissen gemessen ist der **Verkehr eine Katastrophe,** aber es gibt auch viele Schwellenländer, in denen es noch wilder zugeht. Positiv ist, dass – im Gegensatz zu vielen anderen asiatischen Ländern – nur selten die Hupe benutzt wird. Außer in Notfällen gilt das Hupen als unhöflich und aggressiv.

Die **Geschwindigkeitsbegrenzung** liegt innerhalb von Städten bei 60 km/h, aufgrund des stockenden Verkehrs ist diese Geschwindigkeit tagsüber ohnehin kaum zu erreichen. Nachts allerdings kann man ziemlich flott fahren. Mancherorts sind Polizeisperren errichtet. Die Polizei macht

EXTRATIPP

Fußgängertouren durch Chinatown

●**174** [F9] **Cuppatoo Café,** Soi Krai, Ratchawong Rd., Tel. 081 8431425, 081 6297995. Für Touren zu Fuß durch Chinatown heuert man den thai-indischen Sikh Sukan Sethi an. Sukan betreibt das nette kleine Cuppatoo Café in Chinatown, kennt sich in der Gegend bestens aus und behandelt seine Gäste als Freunde der Familie, nicht als Kunden.

047bk Abb.: rk

nachts u. U. auch Alkoholtests oder durchsucht nach Drogen, Ausländer werden aber nur selten behelligt. Die offizielle **Promillegrenze** liegt bei 0,5 Promille, besonders nachts sind jedoch zahlreiche Fahrer unterwegs, die mit Werten weit darüber unterwegs sind.

Die **Polizei** ist generell ein unangenehmes Thema in Thailand: Die Polizei gilt als **das korrupteste Staatsorgan**, als eine Art Mafia in Uniform. Die Verkehrspolizisten kassieren gerne schon mal ein paar Euro für ein kleines Vergehen oder ein *angebliches* Vergehen – das Geld landet natürlich in der eigenen Tasche. Gelegentlich sind Quittungen, die ausgestellt werden, „falsch" – es gibt zweierlei Quittungsblöcke, einen echten, auf dem regulär abgerechnet wird, und einen gezinkten. Es ist wichtig, bei Interaktionen mit Polizisten immer höflich, freundlich und ruhig zu bleiben, aber nicht kumpelhaft (Schulterklopfen o. Ä.). Aggressives oder arrogantes Auftreten wird sich mit Sicherheit negativ auswirken.

Im Verkehr gibt es eine unausgesprochene „Hackordnung", in der die größten oder teuersten Wagen die meisten Rechte haben, **Fußgänger** die wenigsten. **Zebrastreifen** haben außer als Zierstreifen praktisch keine Bedeutung – fast kein Autofahrer hält an, um Fußgänger passieren zu lassen. Daher sollte man einen Zebrastreifen nur dann überqueren, wenn die Verkehrslage sicher erscheint oder wenn sich größere Gruppen von Fußgängern angesammelt haben, die die Straße gemeinsam überqueren. In diesem Falle werden die Fahrer – notgedrungen – halten.

Telefonieren

Wer ein SIM-Lock-freies Handy besitzt, kann sich in Bangkok eine **örtliche SIM-Karte** zulegen und damit telefonieren. Beim Kauf muss man den Reisepass vorlegen. Die Karten kann man in jeder Filiale der Telefongesellschaften (z. B. True, DTAC, One-2-Call) erwerben, einfacher aber in irgendeinem der zahllosen Handy-Läden. Dutzende von Handy-Länden finden sich im 4. Stock des MBK Center (s. S. 25). Die Telefongebühren sind niedrig: 1 Min. Inlandsgespräch kostet ca. 6 Cent, 1 Min. nach Deutschland ca. 30 Cent.

Zu Auslandsgesprächen bietet sich ansonsten eine **internationale Call-Karte** an (international calling card), bei der eine besondere Vorwahl vor der Nummer der Zielperson zu wählen ist. Die Karten sind z. B. in 7-Eleven-Läden erhältlich. 1 Minute ins Ausland kostet dann nur wenige Cent. Einige Läden in der Khao San Road bieten Gespräche via PC (VoIP) zu extrem niedrigen Preisen.

Münzfernsprecher, die mit 1- oder 5-Baht-Münzen gefüttert werden, werden immer seltener und nicht alle funktionieren. Bei einigen Fernsprechern werden **Telefonkarten** benutzt. Mit den Karten von PhoneNet (erhältlich bei 7-Eleven) oder anderen Anbietern kann man preiswert ins Ausland telefonieren (gelbe Telefonzellen). Aber auch diese Art Fernsprecher findet im Zeitalter des Handys immer weniger Kunden.

Gespräche vom Hotel aus können sehr teuer werden, je nach Höhe der aufgeschlagenen Servicegebühren.

> **Ländervorwahl Thailand: +66**

Uhrzeit

Zur mitteleuropäischen Sommerzeit ist Thailand Mitteleuropa um 5 Stunden voraus, in der Winterzeit 6 Stunden.

◁ *Beim Motorradfahren besteht Helmpflicht*

Unterkunft

Bangkok bietet eine Vielzahl von Hotels und Guest Houses mit gutem Preis-Leistungs-Verhältnis. Besonders geballt findet man sie in den Touristengegenden Khao San Road (D/E5) und Sukhumvit (Q/R9).

Untere Preisklasse

☎**175** [P12] **Charlie House** €, 1034/ 36–37 Soi Saphan Khu, Rama IV. Rd., Bangkok 10120, MRT: Lumpini, www.charliehousethailand.com, Tel. 02 6798330, Fax 6797308, ca. 11–17 €. Ausgezeichnete Spar-Option, ein einfaches reines Nichtraucher-Guest-House mit sauberen Zimmern inkl. TV und AC. Sehr empfehlenswert. Ein Ableger befindet sich, nicht ganz so günstig gelegen, in der 272 Borommarat Channonchai Rd. im Stadtteil Pinklao auf der westlichen Flussseite (Tel. 02 8864561).

🏠**176** [D5] **Lamphu House** €-€€, 75 Soi Rambutri, Kwang Chansongkram, Banglamphoo, Bangkok 10200, Tel. 02 6295861/2, Fax 6295864, www.lamphuhouse.com, ca. 11–25 €. Kleines Hotel in relativ ruhiger Lage im Travellerviertel Banglamphoo mit sauberen, modernen Zimmern, die bei den niedrigen Preisen einen ausgezeichneten Gegenwert bieten. Zimmer mit AC und Balkon.

Preiskategorien Unterkünfte

€	bis 20 €
€€	20–50 €
€€€	über 50 €

(Preis pro Doppelzimmer und Nacht)

☎**177** [D5] **New Merry V Guest House** €, 18–20 Phra Arthit Rd., Banglamphoo, Bangkok 10200, Tel. 02 2803315, Fax 6290462, ca. 5–15 €. Eine der besseren superbilligen Wohnmöglichkeiten in Banglamphoo, die preiswertesten Zimmer haben kein eigenes Bad, Anstehen am Gemeinschaftsbad ist angesagt. Die besseren Zimmer haben Bad und TV, die teuersten dazu noch AC. Bei den Niedrigstpreisen kann man sich nicht beschweren.

☎**178** [D5] **Rambuttri Village Inn** €–€€, 75 Soi Rambutri, Banglamphoo, Bangkok 10200, Tel. 02 2829162 (keine Buchungen per Tel.), www.khaosanhotels.com, ab ca. 14 €. Größeres Hotel in einer relativ ruhigen Ecke von Banglamphoo mit teilweise kleinen, aber sauberen Zimmern mit TV, in den höheren Preislagen mit AC. Dach-Swimmingpool im 6. Stock. Eine gute Option für sparsame Traveller.

☎**179** [H10] **River View Guest House** €–€€, 768 Soi Panurangsi, Samphanthawong, Chinatown, Bangkok 10100, Tel. 02 2345429, Fax 2375428, www.riverviewbkk.com, ca. 10–35 €. Im Gewirr von Chinatown direkt am Fluss gelegen, mit schlichten Zimmern (nur die teureren haben AC), dafür ist ein authentisches Erlebnis in untouristischer Lage garantiert. Ausgezeichnete Ausblicke bieten sich besonders vom Café im 8. Stock. Das Haus ist nicht leicht zu finden, im Notfall sollte man anrufen, um Orientierungshilfe zu bekommen.

☎**180** [F3] **Shanti Lodge** €, 37 Sri Ayutthaya Rd., Bangkok 10200, www.shantilodge.com, Tel. 02 2812497. Bei Budget-Reisenden sehr beliebtes, urgemütliches Guest House, das etwas versteckt hinter der Hauptstraße im Stadtteil Thewes, ca. 2 km von der Khao San Rd. entfernt, liegt. Mit viel Grün drum herum und entspanntem Ambiente. Das angeschlossene Restaurant bietet zahlreiche vegetarische Gerichte. Die Zimmer kosten ca. 10–21 € (teilweise mit AC), aber auch ein relativ teures Penthouse mit eigenem Garten wird geboten (ca. 50 €). Die Preise für Einzel- oder Doppelzimmer sind oft identisch.

☎**181** [L11] **The Urban Age** €, 130/6 Silom Soi 8, BTS: Sala Daeng, MRT: Silom, Tel. 02 6342680, Fax 4531427, ca. 6–20 €. Preiswertes Guest House in der ansonsten teuren Silom Rd. mit sowohl sauberem Schlafsaal als auch Einzel- oder Doppelzimmern inkl. AC, aber ohne eigenes Bad. Man ist auf das Gemeinschaftsbad angewiesen. Am preiswertesten sind die Betten im Schlafsaal. Geraucht werden darf nur im Open-Air-Bereich. Kostenloses WLAN.

☎**182** [L7] **White Lodge** €, 36/8 Soi Kasemsan 1, Rama I. Rd., Bangkok 10330, BTS: National Stadium, Tel. 02 2168867, Fax 2168228, ab 8 €. Kleine Zimmer in einer ruhigen Gasse abseits der Rama I. Rd. und für die Gegend, nahe Siam Square und MBK Center, spottbillig. Ideal für Low-Budget-Reisende, die zentral wohnen wollen.

Mittlere Preisklasse

☎**183** [K6] **Bangkok City Hotel** €€, 268 Petchaburi Rd., Ratchathewi, Bangkok 10400, BTS: Ratchathewi, Tel. 02 2152929, Fax 02 2152928, www.bangkokcityhotel.com. Neues Hotel, nicht in besonders hübscher Umgebung, aber ein paar Schritte von der BTS-Station Ratchathewi sehr zentral gelegen. Mit komfortablen, sauberen Zimmern, die zu Sonderpreisen ab ca. 27 € angeboten werden. Im Preis inbegriffen sind Frühstück und kostenloser Internetzugang. Insgesamt sehr empfehlenswert.

☎**184** [I12] **Bossotel Inn** €€–€€€, 55/8–14 Soi Charoen Krung 42/1, Bangkok 10500, BTS: Saphan Taksin, Tel. 02 6306120, Fax 6306129, www.bossote

linn.com, ab ca. 35 €. Saubere, moderne Zimmer mit AC, TV, Kühlschrank, Safe und WLAN-Internet, gelegen in einer Gasse der Charoen Krung Rd. nahe dem Chao Phraya und nahe der Silom Rd. Mit kleinem Swimmingpool, Sauna, Spa und Whirlpool.

185 [E5] **Diamond House** €€, 4 Samsen Rd., Banglamphoo, Bangkok 10200, Tel. 02 6294008, www.diamondhouse. com, ca. 25–45 €. Moderne, helle, dabei gemütlich eingerichtete Zimmer mit AC, TV, Minibar, Safe und WLAN-Internet. Manche Zimmer sind ein wenig klein geraten und es lohnt sich, eine der größeren Suiten zu nehmen. Ca. 5 Min. Fußweg von der Khao San Rd. entfernt, eine der besseren Mittelklasseunterkünfte in diesem Viertel. Das Haus ist kaum zu übersehen, die orange Farbe sticht ins Auge, ebenso der kleine chinesische Tempel, der sich an der Südseite anschmiegt.

186 [Q9] **Grand Business Inn** €€–€€€, 2/4 Sukhumvit Soi 11, Bangkok 10110, BTS: Nana, Tel. 02 2557155, Fax 2557259, www.grandbusinessinn.net, ab ca. 40 €. Gutes Mittelklassehotel in zentraler Lage in Sukhumvit, Zimmer mit AC, TV, Minibar und WLAN-Internet, in den teureren Zimmern auch mit DVD-Player. 24 Std. geöffnetes Restaurant.

187 [G8] **Grand China Princess** €€, 215 Yaowarat Rd., Chinatown, Bangkok 10100, Tel. 02 2249977, Fax 2247999, www.grandchina.com, ab ca. 38 €. Große, saubere Zimmer mit AC, TV und Minibar, besonders von den höher gelegenen Stockwerken hat man einen sehr guten Ausblick auf Chinatown und den Chao-Phraya-Fluss. Mit Dachswimmingpool und einigen sehr guten Restaurants.

❭ **Grottino Residence** (s. S. 43). Gästehaus mit komfortabel ausgestatteten Zimmern (ca. 40 Euro, preiswertere Monatsmieten).

188 [P9] **Jim's Lodge** €€, 15/7 Soi Ruamrudee, Ploenchit Rd., Bangkok 10330, BTS: Ploenchit, Tel. 02 2553100, Fax 2538495, www.jimslodge.com, ab ca. 25 €. Dies ist die einzige Low-Budget-Unterkunft in dieser modernen Business-Zone zwischen Sukhumvit und dem Central Ploenchit Department Store und umfasst für den niedrigen Preis ordentliche Zimmer mit AC, TV und Minibar.

189 [J12] **Sapphirtel Inn** €€, 282–282/1–2 Soi Silom 22/1, Silom Rd., Bangkok 10500, BTS: Chong Nonsi, Tel. 02 2360039, Fax 2368651, www.sapphirtelinn.com, ab ca. 35 €. Nahe dem Mariammam-Tempel ⑩, aber etwas zurückversetzt von der lauten Silom Rd. gelegen, mit komfortablen Zimmern mit TV, AC und Minibar. Gutes Preis-Leistungs-Verhältnis.

190 [Q9] **Suk 11 Hostel** €€, 33/1 Sukhumvit Soi 11, Bangkok 10110, etwas versteckt hinter dem 7-Eleven-Laden an der westlichen Straßenseite gelegen, BTS: Nana, Tel. 02 2535927, Fax 2535929, www.suk11.com, ab ca. 13 €. Das zum Großteil aus Naturmaterialien errichtete sympathische Guest House ist von viel Grün umgeben, eine willkommene Rarität im Bereich von Sukhumvit. Nur für Nichtraucher, Zimmer mit AC und TV. In Sukhumvit Soi 13 unterhält das Unternehmen das **Suk11@13 Serviced Apartment** mit modernen Apartments inkl. DVD-Player, Kaffeemaschine und sonstigen Annehmlichkeiten. Beide Unterkünfte sehr zu empfehlen.

191 [P9] **The Atlanta Hotel** €€, 78 Sukhumvit Soi 2, Bangkok 10110, BTS: Nana, Tel. 02 2526069, Fax 6568123, www.theatlantahotelbangkok.com, ca. 15–35 €. Es ist schon etwas besonders, wenn ein Hotel in Bangkok warnt „Sextouristen nicht willkommen!" und dann weiter verkündet: „Grenzfälle sind nicht zulässig, im Zweifelsfall werden (die Zimmersuchenden) als Sextouristen behandelt und nicht zugelassen." Das Atlanta ist ein schrulliger Einzelgänger in der Hotelszene, mit Zimmern und Foyer im Retro-Look, genauso retro wie die beinharte Einstellung des Managements. Das Hotel wurde 1952 vom Deutschen Dr. Max Henn, einem Disziplinfanatiker, gegründet und wird heute von seinem Sohn in ähnlich preußisch-strammer Weise geführt. Die Zimmer haben teilweise keine AC, sind dafür preiswert. Außerdem ist das Haus von einem tropischen Garten umgeben und hat zwei Swimmingpools (einen für Kinder) sowie ein Restaurant mit einer vegetarischen Speisekarte, die so lang ist wie die Verbotsliste des Hauses. Internet ist ebenfalls leicht verpönt, trotzdem hat man den Gästen zähneknirschend eine kleine Internetecke eingerichtet.

192 [S10] **Town Lodge** €€, 106 Sukhumvit Soi 18, Bangkok 10100, BTS: Asok, MRT Sukhumvit, Tel. 02 6637712, Fax 6637711,www.bkktownlodge.com, ab 25–50 €. Tief in einer ruhigen Gasse von Sukhumvit gelegen, überzeugt das preiswerte kleine Hotel mit sehr sauberen Zimmern inkl. AC, TV und WLAN-Internet. Die teureren Suiten des Hauses bieten sogar ein eigenes Whirlpool. Wem der Weg zur Hauptstraße zu lang ist, kann vom kostenlosen Motorradservice Gebrauch machen. Das Haus hat ein Abkommen mit dem benachbarten Rembrandt Hotel und gegen einen kleinen Aufpreis kann dessen Swimmingpool benutzt werden.

Obere Preisklasse

193 [C8] **Arun Residence** €€€, 36–38 Soi Pratoo Yoong, Maharat Rd., Rattanakosin Island, Bangkok 10200, Tel. 02 2219158, www.arunresidence.com, ab ca. 70 €. Stilvolles kleines Hotel, entstanden aus einem alten sino-portugiesischen Wohnhaus mit Blick auf Wat

Arun ㉘. Das angeschlossene Restaurant Deck by the River (s. S. 49) ist ein großartiger Ort für ein Dinner und die Bar Amorosa (17.45–1 Uhr), samt dem abendlichen Ausblick auf Wat Arun, ist eine der besten Bars, um sich vom Stress des Tages zu erholen.

194 [E4] **Baan Chantra** €€€, 120/1 Samsen Rd., Banglamphoo, Bangkok 10200, Tel. 02 6286888, ab ca. 45 €, Ermäßigung bei längeren Aufenthalten. Das strikte Nichtraucherhotel überzeugt mit Zimmern, deren Einrichtung Wärme und Gemütlichkeit ausstrahlt. Einige Zimmer haben einen Balkon in Richtung Gartenseite, eine der Suiten verfügt sogar über einen eigenen Garten. WLAN-Internet, AC, TV.

195 [D8] **Chakrabongse Villas** €€€, 396 Maharat Rd., Tha Thien, Rattanakosin Island, Bangkok 10200, Tel. 02 6223356, www.chakrabongsevillas.com, je nach Villa und Saison ab ca. 160/200/260/460 €. Wer er sich leisten kann, sollte nicht zögern: Chakrabongse Villas besteht aus vier Villen im thai-chinesischen Stil, opulent und geschmackvoll eingerichtet, dazu am Fluss in Sichtweite von Wat Arun ㉘ gelegen. Die Villen wurden 1909 ursprünglich für Prinz Chakrabongse, einen Sohn Ramas V., errichtet.

196 [N8] **Grand Hyatt Erawan** €€€, 494 Ratchadamri Rd., BTS: Ratchadamri oder Chitlom, Tel. 02 2541234, Fax 2546308, www.bangkok.grand.hyatt.com, ab ca. 120 €. Eines der besten Hotels der Stadt in einer der allerbesten Lagen. Exzellenter Service und großartige Restaurants, dazu ein gediegener Nightclub (Spasso), Swimmingpool, Spa, Fitnessraum u. v. m. Zimmer mit AC, TV, Minibar, Safe und Internet.

197 [I12] **Lebua at State Tower** €€€, 1055 Silom Rd., Bangkok 10500, BTS: Saphan Taksin, Tel. 02 6249999, Fax 6249998, www.lebua.com, ab ca. 150 €. Eine der besten Adressen der Stadt mit hoch im State Tower gelegenen, riesigen und luxuriös eingerichteten Zimmern oder Suiten, die großartige Ausblicke auf die Stadt erlauben. Mit AC, TV, Minibar, DVD-Player, WLAN-Internet. In Reichweite befinden sich einige der besten Restaurants Bangkoks, z. B. das Sirocco (s. S. 44).

🏨**198** [F6] **Old Bangkok Inn** €€€, 607 Phra Sumen Rd., Bangkok 10200, Tel. 02 6291787, www.oldbangkokinn. com, ab 65 € bei Buchung über Hotelhomepage. Romantisches Boutique-Hotel mit nur 10 Zimmern, die jeweils nach unterschiedlichem Konzept eingerichtet sind, alle aber mit Alte-Welt-Charme, Antiquitäten und traditionellem Mobiliar, Internet, TV, AC und Safe.

🏨**199** [R9] **Sheraton Grande Sukhumvit** €€€, 250 Sukhumvit, Bangkok 10100, Tel. 02 6498888, Fax 6498000, www.sheratongrandesukhumvit.com, BTS: Nana. Eines der besten Luxushotels mit superkomfortablen Zimmern, dazu ein toller Swimmingpool und gute Restaurants. Im „Living Room" spielen abends Jazzbands, So. 11.30 – 15 Uhr wird ein „Jazz-Brunch" geboten. Die Suiten haben gleich mehrere TVs und DVD-Player, dazu verfügt das Hotel über Spa, Swimmingpool und Fitnessraum. Gut geeignet auch für Geschäftsleute, günstige Lage in Sukhumvit.

🏨**200** [M7] **Siam Kempinski** €€€, 991/9 Rama 1 Rd., Bangkok 10330, BTS: Siam, Tel. 02 1629000, www.kempinski.com/en/bangkok/siam-hotel. Neues Luxuhotel, das für Kaufsüchtige wie geschaffen ist: Es liegt direkt hinter dem Siam Paragon (s. S. 28), mitten im Zentrum von Bangkoks wichtigster Shopping-Zone. Die hochkomfortablen, stil-

048bk Abb.: rk

vollen Zimmer kosten ab ca. 200 €, dafür findet man sich in bester Gesellschaft wieder: Das Hotel gehört der Thailändischen Krone, ebenso der nebenan gelegene Palast von Prinzessin Sirindhorn. Dies ist auch der Grund, warum sich an der Westseite des Hotels keine Fenster befinden, denn man könnte sonst das Palastgelände einsehen. Empfehlenswert ist das im Hotel gelegene Restaurant „Sra Bua by Kiin Kiin". Es bietet traditionelle Thai-Speisen, meisterhaft neuzeitlich verfeinert und präsentiert (12 – 15 und 18 – 23 Uhr, Tel. 02 1629000).

🏨**201** [K7] **Siam@Siam Design Hotel & Spa** €€€, 965 Rama I. Rd., Bangkok 10330, BTS: National Stadium, www.siamatsiam.com, Tel. 02 2173000, Fax 2173030, ab ca. 90 €. Äußerst komfortable und moderne Zimmer mit AC, Minibar und Internet, direkt gegenüber dem National Stadium gelegen und die empfehlenswerteste Adresse im Shoppingbereich um das MBK Center.

🏨**202** [M11] **Swiss Lodge** €€€, 3 Convent Rd., Silom Rd., Bangkok 10500, BTS: Sala Daeng, MRT: Silom, Tel. 02 2335348, www.swisslodge.com, ab ca. 80 €. Modernes Hotel in bester Lage in einer Seitenstraße der Silom Rd.,

⌂ Ebenso bombastisch wie nobel: das Grand Hyatt Erawan Hotel

aufmerksamer Service, gut geeignet auch für Geschäftsleute. Dazu besteht die Möglichkeit, sehr gut zu essen, z. B. im „Swiss Café", das alle lukullischen Schweizer Klassiker serviert. Zimmer mit TV, AC, Safe, Minibar, WLAN-Internet. Für Menschen mit Behinderung stehen besondere Zimmer zur Verfügung.

🏨**203** [T8] **The Eugenia** €€€, 267 Sukhumvit Soi 31, Bangkok 10110, BTS: Phrom Phong oder Asok, Tel. 02 2599017, ab ca. 120 €. Wunderschön restauriertes Haus aus dem 19. Jh. mit feudalen Suiten, die mit Gemälden und Antiquitäten aus Ost und West dekoriert sind, dazu Sauna und Tennisplatz. Ein besonderes Erlebnis im ansonsten so nüchternmodernen Stadtgebiet Sukhumvit.

🏨**204** [H12] **The Mandarin Oriental** €€€, 48 Oriental Ave., Tel. 02 6599000, Fax 6592984, Bangkok 10500, www.mandarinoriental.com, ab ca. 350 €. „Das Hotel ist durch und durch mit Strom erhellt. Besondere Zimmer stehen für Handelsreisende zur Verfügung. Jedes Zimmer im Hotel hat sein eigenes Bad", so beschrieb Erik Seidenfaden 1928 das Hotel, das damals schon eine kleine Sensation war. Das Oriental zählt seit vielen Jahren zu den besten Hotels der Welt. Einige Jahre vor Seidenfaden war schon der Schriftsteller Somerset Maugham im Hotel abgestiegen und heute ist eine Suite nach ihm benannt, ebenso nach Joseph Conrad, ebenfalls ein ehemaliger Gast der so schriftstellerfreundlichen Herberge. *Keine* Suite wird allerdings nach dem Rocksänger Billy Idol benannt werden, der sein Zimmer im Drogenrausch verwüstete – Schaden: 140.000 US$. Der Sänger musste narkotisiert werden, wurde auf eine Bahre geschnallt und von thailändischen Soldaten im nächsten ausfliegenden Flugzeug abgeladen. Die Bahre ist heute als Reliquie im Hard Rock Cafe in Penang, Malaysia, ausgestellt.

Verhaltensweisen

Ungeachtet ihrer so milden und stoischen Oberfläche sind die Thais ein **empfindsames und leicht verletzliches Volk,** mit vielen geschriebenen und ungeschriebenen Regeln, die sie ungern überschritten sehen. Hier einige der wichtigsten Normen:

❯ Das „Gesicht" ist den Thais **enorm wichtig.** Soziale Interaktionen sind so angelegt, dass andere nicht das „Gesicht verlieren" (wir würden vielleicht sagen „bloßgestellt werden", „blamiert werden"). Ein „Gesichtsverlust" kann bei der betroffenen Person eine sehr aggressive Reaktion hervorrufen. Seien Sie deshalb vorsichtig mit Kritik an Thais. Kritik – oder Anschreien, Maßregeln usw. – kann einen Gesichtsverlust auslösen und am Ende erreicht man nichts oder bekommt sogar Ärger.

❯ Die **Füße** gelten als unrein. Es gilt als sehr unhöflich, damit auf Gegenstände oder Personen zu zeigen. Beim Sitzen sollen die Fußsohlen nicht in Richtung einer Person zeigen. In Tempeln sitzen die Thais so, dass ihre Sohlen von den Buddha-Figuren wegzeigen.

050bk Abb.: rk

❯ **Schuhe** sind vor dem Allerheiligsten in Tempeln auszuziehen, ebenso vor Betreten einer Wohnung, zumindest bei traditionell gesinnten Familien. Wenn man im Zweifel ist, schaue man, wann und wo die Thais ihre Schuhe ausziehen. In chinesischen Tempeln kann man oft erstaunlich weit samt Schuhwerk vordringen.

❯ Der **Kopf** gilt als heilig. Fremden Personen sollte man auf keinen Fall an den Kopf fassen – es kann als bewusste Demütigung aufgefasst werden. Eine Ausnahme besteht bei sehr kleinen Kindern, denen man ruhig die Wange tätscheln kann, dies wird eher als nette Geste ausgelegt werden. Weitere Ausnahmen bestehen bei engen Familienmitgliedern, Ehepaaren usw.

❯ Der **traditionelle thailändische Gruß** ist der *wai*, bei dem die Hände vor der Brust zusammengefaltet werden. Häufig werden Hotel- oder Restaurantgäste auf diese Weise vom Personal begrüßt. Dabei sollte man nicht auf die gleiche Weise zurückgrüßen, denn damit würde sich der Gast auf die gleiche (niedrigere) Stufe stellen wie das Personal. Es wäre dem Personal selber peinlich. Ausländer sollten den *wai* besser nicht ausführen, denn sie machen ihn ohnehin (fast) immer falsch: Der *wai*, in all seinen subtilen Varianten, ist ein Ausdruck strikter hierarchischer Verhältnisse, in die ein Ausländer nicht hineinpasst. Niemand wird es übel nehmen, wenn ein Ausländer nicht „zurückwait" – hochgestellte thailändische Persönlichkeiten tun dies auch nicht.

❯ **Das Königshaus** genießt beinah gottgleiche Verehrung und auf Majestätsbeleidigung stehen Strafen bis zu 15 Jahren Gefängnis. Unterlassen Sie in der Öffentlichkeit alle negativen Kommentare zu diesem Thema!

❯ **Lächeln** oder zumindest das Konzept des Lächelns ist eine nationale Obsession. Die Thais bezeichnen ihr Land gerne als *Siam Yiim* – „Siam, Land des Lächelns". Das englische Wort *smile* ist häufig Teil von Geschäftsnamen, so gibt es eine Buchladenkette namens Smile Book. Mit Lächeln erreicht man viel in Thailand. Lächeln macht attraktiv und sympathisch – und auf diese Weise erreicht man viel mehr als mit forschem Auftreten und grimmigem Gesicht.

Verkehrsmittel

BTS (Skytrain)

Skytrain bzw. BTS (Bangkok Mass Transit System) ist zusammen mit der U-Bahn Bangkoks effizientestes Verkehrsmittel. Die **auf einer Hochtrasse gelegene Bahnstrecke** ist ca. 55 km lang und mit ihr kann man zu vielen der wichtigsten Orte im modernen Teil Bangkoks gelangen. Die Fahrten kosten je nach Strecke ca. 15 bis 42 Baht. Man kann sich Einzeltickets kaufen (aus einem Automaten), für Vielfahrer aber empfiehlt sich der Kauf des „**Smart Pass**" für ca. 8 €, mit dem man 15 Fahrten absolvieren kann. Den Pass gibt es auch für 25, 40 oder 50 Fahrten. Außerdem ist ein Tagespass erhältlich, der für ca. 140 Baht zu beliebig vielen Fahrten innerhalb des Tages berechtigt. Alle Tickets erhält man an den Ticketschaltern in allen BTS-Stationen.

❯ www.bts.co.th

◁ *Kulturell bestens angepasst: der McDonald's-Clown grüßt in Thailand mit dem „wai"*

Der Skytrain fährt täglich von 6 bis 24 Uhr, zu Neujahr (31.12.) auch länger. Wochentags kommen die Züge etwa alle 5 Min., sonntags alle 10 Min. Da der Skytrain sehr beliebt ist, sind die Waggons dementsprechend meist gerammelt voll.

Expressboote

Die Expressboote auf dem Chao-Phraya-Fluss sind die **angenehmste und zugleich spannendste Methode**, durch Bangkok zu fahren. Die Boote bedienen eine Strecke von ca. 21 km zwischen dem Pier Ratsingkorn im Stadtteil Yannawa im Süden bis Pak Kret im Norden, nicht alle Boote fahren jedoch die gesamte Strecke. Die Expressboote sind mit farbigen Fahnen versehen, die sowohl Strecke als auch Fahrtenfrequenz anzeigen:

> **orange:** ganztägig, von Yannawa nach Nonthaburi im Norden
> **gelb:** von Yannawa nach Nonthaburi, nur zur Rushhour morgens und nachmittags
> **grün-gelb:** von Yannawa nach Pak Kret, nur zur Rushhour

Die Boote fahren wochentags von 6 bis 19 Uhr, sonntags von 6 bis 18

Uhr. Der Fahrpreis je nach Entfernung beträgt ca. 10 bis 30 Baht, bezahlt wird beim Schaffner im Boot.
> www.chaophrayaexpressboat.com
(in Thai und Englisch)

Busse

Bangkoks Bussystem ist wahrscheinlich **eines der verwirrendsten der Welt**, mit verschiedenen Arten von Bussen in allen erdenklichen Farben und Formen. Die Zielorte sind in den Bussen nur in Thai-Schrift angegeben und Busse verschiedener Macharten mit der gleichen Nummer fahren nicht unbedingt dieselbe Strecke.

Es dominieren die blau oder **rotbeige gestrichenen Stadtbusse** (ohne Klimaanlage), die mindestens sieben Baht pro Fahrt kosten. Die großen **blauen AC-Busse** (mit Klimaanlage) gehören zu den besten Vertretern des Fuhrparks und haben meist manierliche Fahrer. Auf der Website der Bangkok Stadtbusgesellschaft findet man detaillierte Angaben zum Streckenverlauf:
> www.bmta.co.th

Fahrrad

Fahrradfahren verlangt in Bangkok Heldenmut. Der Verkehr macht das Radeln in den meisten Bereichen fast unmöglich und Fahrrad fahrende Thais sind eine absolute Rarität. Die Stadtverwaltung hat zwar, mit guten Absichten, einige Straßenzüge mit Fahrradwegen versehen (z. B. Teile von Sukhumvit), diese werden aber eher von Motorradfahrern genutzt oder von Imbissständen blockiert.

Eine wohltuende Ausnahme ist der Bereich um Wat Phra Kaew ❶ und Sanam Luang ❷, der relativ leicht zu befahren ist und in dem die Stadtver-

102bk Abb.: rk

waltung kostenlose weiße Fahrräder zur Verfügung stellt. Stände mit den Rädern finden sich an der Maharat Rd. an der Westseite von Wat Phra Kaew und an der Sanam Chai Rd. nahe dem Sararom Park.

MRT (U-Bahn)

Die U-Bahn (MRT = Mass Rapid Transit System) bedient ein Streckennetz von ca. 27 km. Derzeit wird das Streckennetz von der Hualamphong Station in Richtung Westen weiter ausgebaut. An den Stationen Silom, Sukhumvit und Chatuchak Park bestehen Umsteigemöglichkeiten zum Skytrain (BTS). Die beiden Systeme benutzen jedoch unterschiedliche Tickets.

Eine U-Bahn-Fahrt kostet je nach zurückgelegter Entfernung 16 bis 40 Baht, für Kinder 8 bis 20 Baht. Für etwa 6 € gibt es ein Drei-Tages-Ticket mit unbegrenzter Fahrtenzahl. Außerdem gibt es Tickets für 15 und 30 Tage.

Samlors (Fahrrad-Rikschas)

In einigen Vororten (z.B. Nonthaburi, Pak Kret) gibt es noch die alten, mit der Kraft von Beinmuskeln betriebenen Fahrrad-Rikschas. Diese sind nur für Kurzstrecken geeignet, eine Strecke von 2 km kostet ca. 30 Baht.

Taxis

Kaum eine Hauptstadt hat so viele Taxis wie Bangkok (etwa 120.000!). Es gibt sie in allen Farben, von zartem Pink bis Grün-Blau, von Lila bis Weiß. Alle Taxis sind mit **Taxameter** ausgestattet, die die Fahrer per Gesetz einzuschalten haben. Man sollte kein Taxi nehmen, dessen Fahrer behauptet, das Taxameter funktioniere nicht,

oder der aus anderen Gründen einen Preis aushandeln will.

Der Anschlagpreis des Taxameters liegt bei 35 Baht, die folgenden Kilometer kosten unterschiedlich viel, je nach zurückgelegter Entfernung. Wartezeiten an Ampeln o. Ä. erhöhen den Fahrpreis minimal. Eine Fahrt von 10 km kostet bei normalen Verkehrsverhältnissen ca. 110 Baht (knapp 3 €) – da lohnt sich Busfahren kaum!

❭ Unter Tel. 02 8800888 kann man gegen einen kleinen Aufschlag Taxis **direkt vor die Haustür** buchen.

Tuk-Tuks

Die nach ihrem tuckernden Geräusch benannten kleinen dreirädrigen Vehikel werden in anderen Ländern Asiens auch als „Motor-Rikschas" bezeichnet. Touristen sind von den nach allen Seiten offenen Fahrzeugen fasziniert. Allerdings sind Tuk-Tuks relativ unbequem, man schluckt zudem jede Menge Abgase und die Fahrpreise fallen für Touristen meist höher aus als bei Taxis. Bei Tuk-Tuks **muss der Fahrpreis ausgehandelt werden** und bei Touristen schnellen die Preise, die die Fahrer verlangen, schnell in ungeahnte Höhen – Handeln ist ein Muss! Zum Maßstab: Eine Fahrt von 3 km sollte maximal 50 Baht kosten (mit dem Taxi wären es ca. 51–55 Baht).

Wichtig: Nehmen Sie nie Tuk-Tuks, die am Straßenrand auf Passagiere warten (bzw. lauern), sondern immer nur Tuk-Tuks, die gerade vorbeifahren.

◁ *Expressboot vor der imposanten Kulisse von Wat Kalayanimit* ❷❾

Wetter und Reisezeit

Die **allerbeste Reisezeit** sind die Monate **November bis Februar,** wenn die Höchsttemperaturen i. d. R. um 33 °C liegen, im Dezember und Januar auch etwas darunter. Zudem sind diese Monate trocken, Regenfälle eine seltene Ausnahme. Nachts kann es im Dezember erfrischend „kühl" sein, mit Temperaturen von etwa 15–22 Grad.

Die Monate **März und April** sind der thailändische Sommer, mit stetig ansteigenden Temperaturen und steigender Luftfeuchtigkeit. Ende April kann es 42–44 Grad heiß werden. Im März liegen die Höchsttemperaturen bei ca. 35–36 Grad.

Glücklicherweise dauert die heiße Periode nicht allzu lange, denn um **Ende April/Anfang Mai beginnt die** Regenzeit. Die ersten Gewitterwolken brauen sich zusammen und die Temperaturen sind sogleich erträglicher, max. 30–33 Grad, oft allerdings kombiniert mit hoher Luftfeuchtigkeit. Die stärksten Regenfälle ergeben sich zumeist in den Monaten August und September. Die Güsse dauern aber meist nur 1–2 Stunden, oft erfolgen sie nachmittags. Insgesamt stellt die Regenzeit in Bangkok kein großes Problem dar, viele Einwohner lieben sie sogar, da sie einen erholsamen Gegensatz zu den Monaten mit glühender Sonne bildet. Fotografen werden mit dramatischen Wolkenformationen und Himmelsfarben belohnt. Der **Oktober** ist so eine Art Puffermonat, gelegentlich kann es noch regnen, aber das Wetter bewegt sich allmählich auf die kühlere und trockenere Jahreszeit zu.

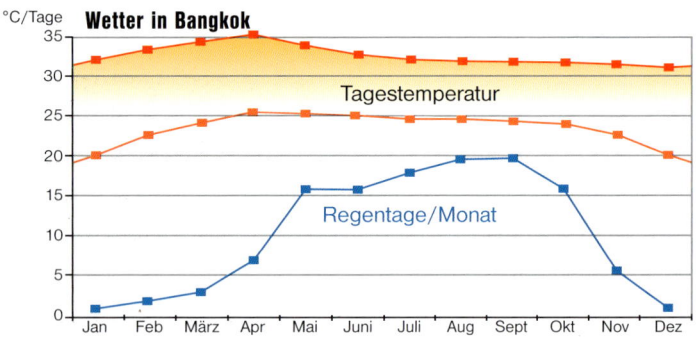

°C/Tage **Wetter in Bangkok**

Tagestemperatur

Regentage/Monat

Anhang

006bk Abb.: rk

Kleine Sprachhilfe Thai

Die folgenden Wörter und Redewendungen speziell für den typischen Reisealltag wurden dem Reisesprachführer „Thai – Wort für Wort" (Kauderwelsch-Band 19) aus dem REISE KNOW-How Verlag entnommen.

Lautschrift

Hier sind diejenigen Lautschriftzeichen aufgeführt, deren Aussprache abweichend vom Deutschen ist bzw. sein kann:

gk Laut zwischen „g" und „k" bzw. nicht behauchtes „k"

kh behauchtes „k" wie im Deutschen, z. B. „k" wie „Kopf"

ng nasaliertes „ng" wie in „sie sang", ein „g" ist nicht zu hören; auch am Wortanfang als ein Laut gesprochen

dj etwa wie „dsch" in „Dschungel"

s stimmloses „s" wie in „Gast"

ch stimmloses „sch" wie in „Schule" oder „tsch" wie in „Matsch"

y wie „j" in „Jäger"

dt zwischen „d" ind „t" bzw. nicht behautes „t"

th behauchtes „t" wie im Deutschen, „t" wie Tag

bp zwischen „b" und „p" bzw. nicht behauchtes „p"

ph behauchtes „p" wie im Deutschen, „p" wie „Post"

r Zungen-r-(gerollt), niemals ein Kehlkopf-r; Thais sprechen es manchmal wie ein „l" aus.

w Halblaut zwischen „u" und „w" wie das englische „w" in „water" (Wasser)

ө kurz und offen wie in „oft",

өө lang und offen wie in „Ort"

Töne

Der **mittlere Ton** wird neutral in der stimmlichen Mittellage gesprochen. Ein Wort in der Umschrift ohne Tonzeichen wird also immer im mittleren Ton gesprochen (s.u.).

Der **tiefe Ton** wird am unteren Ende der natürlichen Stimmlage gleichmäßig tief gesprochen. In der Umschrift wird der Selbstlaut unterstrichen.

Der **fallende Tòn** ist ein zunächst etwas ansteigender, dann scharf abfallender Ton. Er wird durch einen sich von links nach rechts neigenden Strich gekennzeichnet.

Der **hohe Tōn** wird am oberen Ende der natürlichen Stimmlage gleichmäßig hoch gesprochen. In der

Umschrift wird der hohe Ton durch einen geraden Strich über dem Selbstlaut der betreffenden Silbe gekennzeichnet.

Der **steigende Tón** verhält sich dem fallenden Ton entgegengesetzt: er fällt zunächst etwas und steigt dann von unten steil nach oben an. In der Lautschrift wird er durch einen von links unten nach rechts oben führenden Strich verdeutlicht.

Die folgende Grafik stellt die „Melodieführung" der Töne am Beispiel der Silbe **ka** dar:

ka	**ka**	**kà**	**kā**	**ká**
mittel	tief	fallend	hoch	steigend

Die wichtigsten Fragewörter

wo?	**thìi-nái**	ที่ไหน	wann?	**mùarai**	เมื่อไร
wohin?	**nái**	ไหน	an welchem	**wan thìi**	วันที
warum?	**thammai**	ทำไม	Tag?	**thàorai**	เทาไร ,
wie?	**yaangrai**	อย่างไร	wie lange?	**naan**	นานเทาไร
wer?	**khrai**	ใคร		**thàorai**	
wie viel?	**thàorai**	เทาไร			

Die wichtigsten Richtungsangaben

rechts	**khwáa müü**	ขวามือ	neben	**khàang-khàang**	ข้างๆ
links	**sāai müü**	ซ้ายมือ	vorne, vor	**khàang-nàa**	ข้างหน้า
geradeaus	**dtrong bpai**	ตรงไป	hinten/ hinter	**khàang-láng**	ข้างหลัง
gegenüber	**dtrong-khàam**	ตรงข้าม	hier	**thìi-nìi**	ที่นี่
genau hier	**dtrong-nìi**	ตรงนี่	dort	**thìi-nàn**	ที่นั่น
			Kreuzung	**sìi-yâäk**	สี่แยก

Ziffern

0	**súun**	๐	5	**hàa**	๕
1	**nüng**	๑	6	**hok**	๖
2	**sóong**	๒	7	**djet**	๗
3	**sáam**	๓	8	**bpäät**	๘
4	**sii**	๔	9	**gkàao**	๙

Die wichtigsten Floskeln und Redewendungen

Ja, stimmt.	**chài**	ใช่
Nein, stimmt nicht.	**mài chài**	ไม่ใช่
Ja, es gibt.	**mii**	มี
Nein, gibt es nicht.	**mài mii**	ไม่มี
„bitte": Angebot	**chöön**	เชิญ
auffordern	**bproot / gkarūnaa**	โปรด/กรุณา
um etw. bitten	**khéo**	ขอ
um Hilfe bitten	**chùai**	ช่วย

AusspracheTrainers auf PC oder Smartphone lernen (siehe Umschlag hinten) +++

Kleine Sprachhilfe Thai

Danke.	**khoop-khun khrāp/khà'**	ขอบคุณครับ/ค่ะ
Macht nichts!/ Keine Ursache!	**mài bpen rai**	ไม่เป็นไร
Guten Tag!/ Auf Wiedersehen!	**sawat-dii khrāp/khà'**	สวัสดีครับ/ค่ะ
Geht's gut? (unter Freunden)	**sabaai-dii lǒö**	สบายดีเหรอ
Wie geht es Ihnen?	**bpen yangngai bàang**	เป็นยังไงบ้าง
Danke, mir geht es gut.	**sabaai-dii khrāp/khà'**	สบายดีครับ/ค่ะ
Ich gehe jetzt!, Tschüss!	**bpai la na**	ไปละนะ
Ich (m/w) heiße ...	**phóm/di-chān chǔü ...**	ผม/ดิฉันชื่อ...
(Einladung zum Essen)	**gkin-khàao dùai-gkan māi**	กินข้าวด้วยกันไหม
Entschuldigung!	**khǒö-thòot khrāp/khà'**	ขอโทษครับ/ค่ะ
Viel Glück! Alles Gute!	**chòok dii nā khrāp/khà'**	โชคดีนะครับ/ค่ะ
Gibt es ...?	**mii ... māi khrāp/khā'**	มี...ไหมครับ/ค่ะ
Ich suche ...	**háa ... khrāp/khà'**	หา...ครับ/ค่ะ
Wo kann man ... kaufen?	**sǘü ... dài thìinái khrāp/khā'**	ซื้อ...ได้ที่ไหนครับ/คะ
Ich möchte bitte ... haben.	**khǒö ... khrāp/khà'**	ขอ...ครับ/ค่ะ
Ich nehme ...	**ao ... khrāp/khà'**	เอา...ครับ/ค่ะ
Was ist das?	**nìi arai khrāp/khā**	นี่อะไรครับ/ค่ะ
Wieviel kostet das?	**nìi thàorai khrāp/khā'**	นี่เท่าไหร่ครับ/ค่ะ
Wo ist ...?	**... yuu thìi-nái khrāp/khā'**	อยู่ที่ไหนครับ/ค่ะ
Ich möchte nach ... gehen/fahren.	**yaak-dja' bpai ...**	อยากจะไป ...

Kleine Sprachhilfe Thai

Wie viel kostet die Fahrt nach?	**bpai ... thàorai**	ไป...เท่าไหร่
Wie komme ich zu/nach ...?	**bpai ... yangngai**	ไป...ยังไง
Bringen Sie mich (m/w) bitte nach ...	**chùai phaa phóm/ chān bpai ... dài māi**	ช่วยพาผม/ฉัน ไป...ได้ไหม
Können Sie mir (m/w) bitte helfen?	**chùai phóm/ chān nɵɵi dài māi khráp/khā**	ช่วยผม/ฉันหน่อย ได้ไหมครับ/ค่ะ

Nichts verstanden? – Weiterlernen!

Ich kann kein Thai sprechen.	**phùut thai mài dàai**	พูดไทยไม่ได้
Moment, etwas langsamer bitte.	**díao chā-chāa nɵɵi si**	เดี๋ยวช้าๆหน่อยสิ
Wie bitte? Ich habe nicht verstanden.	**arai nā, mài khào-djai**	อะ ไรนะ ไม่เข้าใจ
Ich habe verstanden.	**khào-djai lǎ̃o**	เข้าใจแล้ว
Bitte wiederholen Sie es.	**gkarūnaa phùut mai khráp/khà'**	กรุณาพูด ใหม่ครับ/ค่ะ
Verstehen Sie?	**khào-djai māi**	เข้าใจไหม
Wie heißt das auf Thai?	**nìi phaasáa thai rìiak wàa yaangrai**	นี่ ภาษาไทย เรยกว่าอย่าง ไร
Können Sie (mir) übersetzten?	**bplǎä (hài) dài māi khráp/khā'**	แปลให้ได้ ไหมครับ/ค่ะ
Ich möchte gerne Thai lernen.	**yaak riian phaasáa thai**	อยากเรียน ภาษาไทย
Was bedeutet „...." auf Englisch?	**„...." phaasáa angkrit bplǎä wàa arai khráp/khā'**	...ภาษาอังกฤษแปล ว่าอะ ไรครับ/ค่ะ
Bitte schreiben Sie mir dieses Wort auf.	**chùai khíian kham nǐi hài nɵɵi**	ช่วยเขียนคำ นี้ให้หน่อย

Register

Liste der Karteneinträge

Liste der Karteneinträge

Hier nicht aufgeführte Nummern liegen außerhalb der abgebildeten Karten. Ihre Lage kann aber wie bei allen Ortsmarken im Buch mithilfe unserer Kartenansichten unter Google Maps™ gefunden werden (s. S. Seite 139).

Mit PC, Smartphone & Co.

Als **kostenlosen Begleitservice** stellen wir unter **www.reise-know-how.de** auf der Produktseite dieses Titels folgende Daten und Anwendungen bereit.

★**Alle Ortsmarken des Buches in Google Maps™.** Nutzen Sie sämtliche Features: Satellitenansicht, Street View, Fotos, Routenplaner, Verkehrssituation (Gerät mit Browser und Internetzugang erforderlich). Auch direkt aufrufbar unter: http://ct-bangkok14.reise-know-how.de

★**Faltplan als PDF mit Geodaten,** auch mobil nutzbar auf allen Geräten mit PDF-Reader. Der aktuelle Acrobat Reader™ stellt Zusatzfunktionen für die Geodaten bereit. Für iPhone/iPad empfiehlt sich die App „PDF Maps" von Avenza™.

★**GPS-Daten aller Ortsmarken:** einfacher Import in GPS-Geräte, Navis und Geosoftware auf PCs und mobilen Geräten

★**Kapitel „Praktische Reisetipps" als PDF:** abspeichern und auf allen Geräten mit PDF-Reader Zusatzfunktionen nutzen (Suche, Markieren, Kommentieren …)

Darüber hinaus kann das Buch insgesamt oder eine persönliche **Auswahl einzelner Seiten als PDF käuflich erworben** werden. Nach dem Speichern auch mobil nutzbar auf allen Geräten mit PDF-Reader.

Zeichenerklärung

⓫	Hauptsehenswürdigkeit
[L6]	Verweis auf Planquadrat im City-Faltplan
➕ ✚	Arzt, Apotheke, Krankenhaus
❶	Bar, Klub
☕	Café
♟	Denkmal
🖼	Galerie
🛍	Geschäft, Shoppingcenter, Markt
🏨	Hotel, Unterkunft
❶	Imbiss
❶	Informationsstelle
@	Internetcafé
🛏	Jugendherberge, Hostel
⛪	Kirche
Ⓜ	MTR (U-Bahn)
🏛	Museum
❷	Musikszene, Disco
🅿	Parkplatz
⭕	Pub, Kneipe
🏨	Guest House
🔫⚙	Polizei
✉ ☎	Postamt
🍴	Restaurant
★	Sehenswürdigkeit
🚉	Skytrain
⚑	Sporteinrichtung
☾ 🎭	Theater
❷	Vegetarisches Restaurant
❶	Weinstube
▬	Stadtspaziergang (s. S. 8)
▭	Shoppingareale
▭	Gastro- und Nightlife-Areale

Der Autor

Rainer Krack (geb. 1952) lebt seit 1986 in Bangkok. Während des Studiums der Indologie verschlug es ihn zunächst nach Indien, wo er begann, Zeitungsartikel und Bücher zu schreiben. Das Schreiben wurde schnell zum Beruf. Mittlerweile hat er weit über ein Dutzend Bücher verfasst, Reiseführer ebenso wie Sprach- und Kulturführer über Thailand, Indien, Nepal, Sri Lanka, Singapur und Malaysia. Nebenbei schreibt er Texte für TV-Dokumentationen und hat schon an Drehbüchern von Hindi-Filmen mitgewirkt. Er spricht Thai, Hindi und Bengali und bereist von Bangkok aus ständig Süd- und Südostasien.

Schreiben Sie uns

Dieses Buch ist gespickt mit Adressen, Preisen, Tipps und Infos. Nur vor Ort kann überprüft werden, was noch stimmt oder was sich verändert hat. Unsere Autoren sind zwar stetig unterwegs und erstellen alle zwei Jahre eine komplette Aktualisierung, aber auf die Mithilfe von Reisenden können sie nicht verzichten.

Darum: Schreiben Sie uns, was sich geändert hat. Wenn sich die Infos direkt auf das Buch beziehen, würde die Seitenangabe uns die Arbeit sehr erleichtern. Gut verwertbare Informationen belohnt der Verlag mit einem Sprechführer Ihrer Wahl aus der über 220 Bände umfassenden Reihe „Kauderwelsch".

Bitte schreiben Sie an:
REISE KNOW-HOW Verlag Peter Rump GmbH, Postfach 140666, D-33626 Bielefeld, oder per E-Mail an: info@reise-know-how.de
Danke!

Latest News

Unter **www.reise-know-how.de** werden aktuelle Ergänzungen und Änderungen der Autoren und Leser zum vorliegenden Buch bereitgestellt. Sie sind auf der Produktseite dieses CityTrip-Titels abrufbar.

Skytrain, Metro

©REISE KNOW-HOW 2014

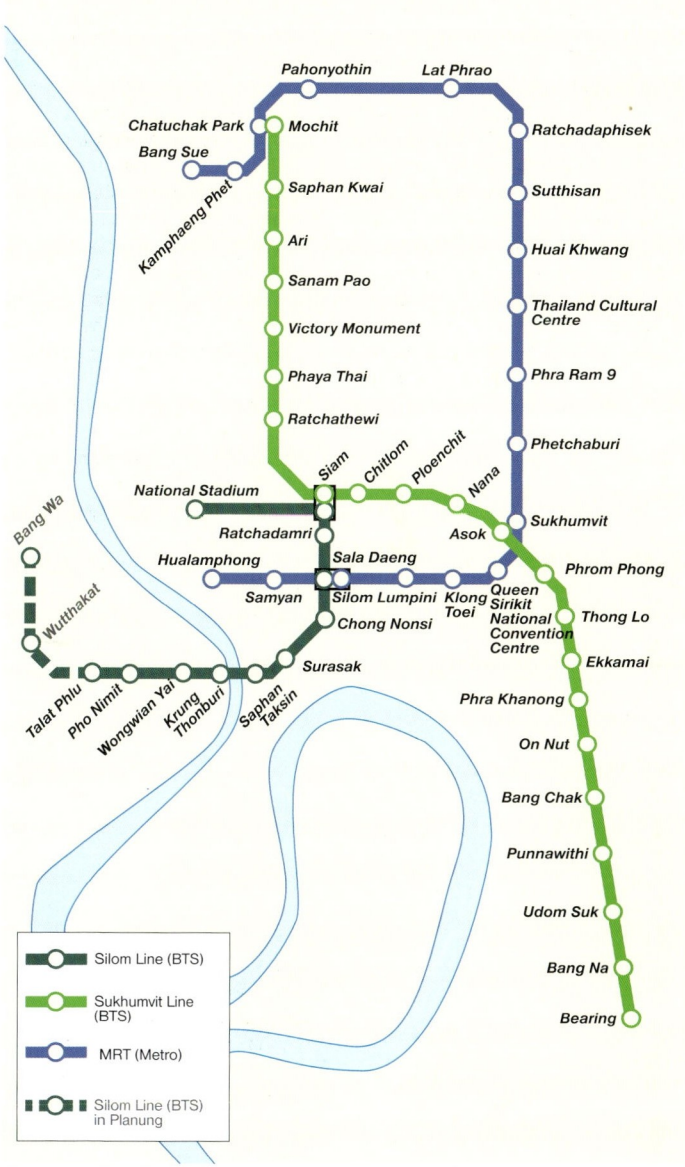

1 cm = 17 km

0 — 40 km

Uthai Thani

32

Chai Nat

1755

Ban Rai

1072

Krasieo Resevoir

Deom Bang
Nang Buat

Srinagarind Resevoir

1177

Si Sawat

1257

Don Chedi

Suphanburi

**Sai-Yok-
Nationalpark**

**Erawan-
Nationalpark**

Bo Phlo

U-Thong

**Tham-Than-
Nationalpark**

324

Song
Phi Nong

340

1125

Nam Tok

Phanom Thuan

Sai Yok

Kamphaeng
Saen

Kanchanaburi

323

Don Tum

Tha Muang

Nakhon Pathom

Ban Pong

M Y A N M A R

Photharam

Sam Phran

4

Chom Bung

Krathum Baen

2072

1105

Ratchaburi

Damnoen
Saduak

35

Samut
Sakhon

Suan Phueng

Wat Phleng

Bang Khonthi

1050

Pak Tho

Samut
Songkhram

Khao Yoi

Ban Laem

1143

1004

Nong
Ya Plong

Phetchaburi

*Kaeng
Krachan
Dam*

Ban Lat

**Kaeng-Krachan-
Nationalpark**

Tha Yang

1518

Cha-Am

1329

4

Hua Hin

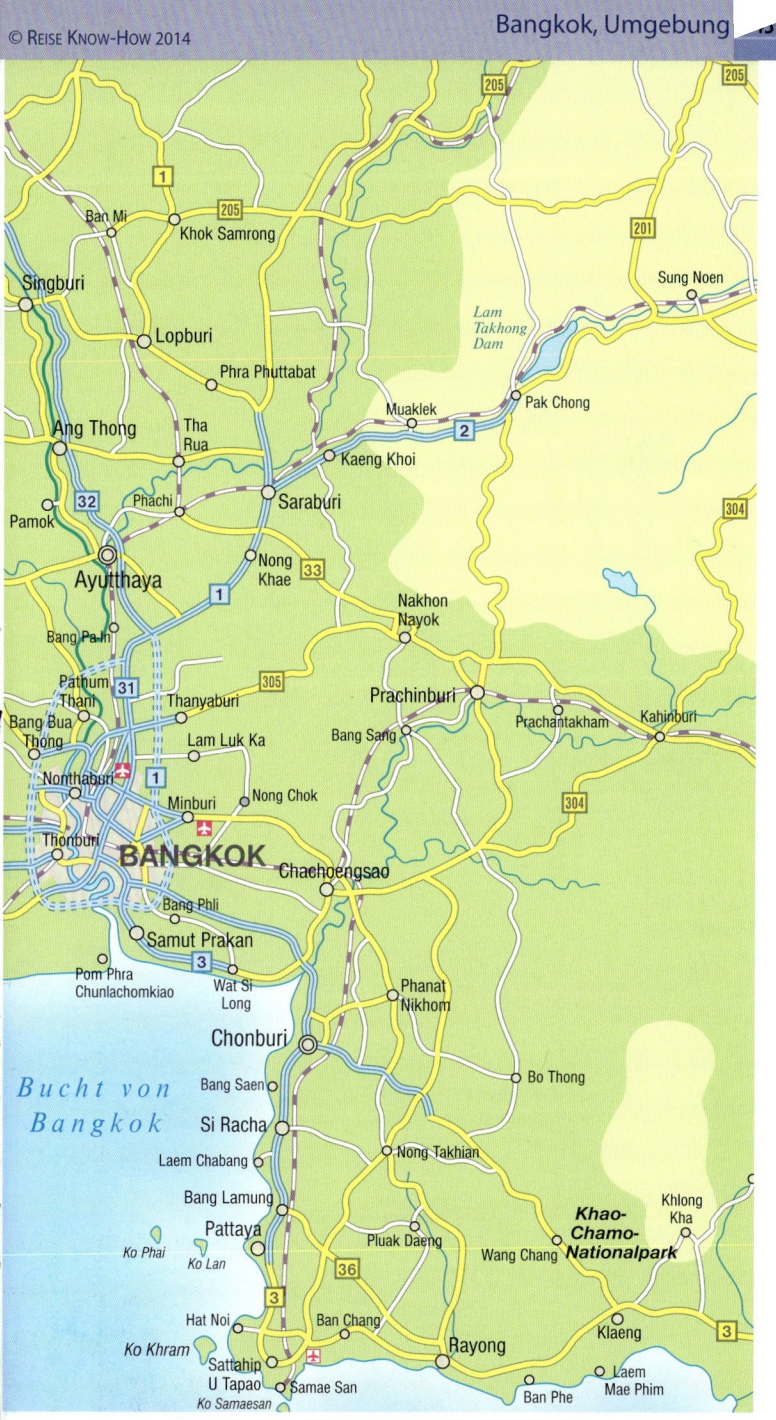

Ban Mi
Khok Samrong
205
201
Sung Noen
Singburi
Lam
Takhong
Dam
Lopburi
Phra Phuttabat
Muaklek
Pak Chong
Ang Thong
Tha
Rua
2
304
Kaeng Khoi
Pamok
32
Phachi
Saraburi
Ayutthaya
Nong
Khae
33
Nakhon
Nayok
Bang Pa-In
Prachinburi
Pathum
Thani
31
305
Thanyaburi
Bang Sang
Prachantakham
Kahinburi
Bang Bua
Thong
Lam Luk Ka
Nonthaburi
1
Minburi
Nong Chok
304
Thonburi
BANGKOK
Chachoengsao
Bang Phli
Samut Prakan
3
Pom Phra
Chunlachomkiao
Wat Si
Long
Phanat
Nikhom
Chonburi
Bucht von
Bangkok
Bang Saen
Bo Thong
Si Racha
Laem Chabang
Nong Takhian
Bang Lamung
Khlong
Kha
Pattaya
Khao-
Chamo-
Nationalpark
Ko Phai
Ko Lan
Pluak Daeng
Wang Chang
3
36
Hat Noi
Ban Chang
Klaeng
3
Ko Kram
Sattahip
Rayong
Laem
U Tapao
Samae San
Mae Phim
Ko Samaesan
Ban Phe

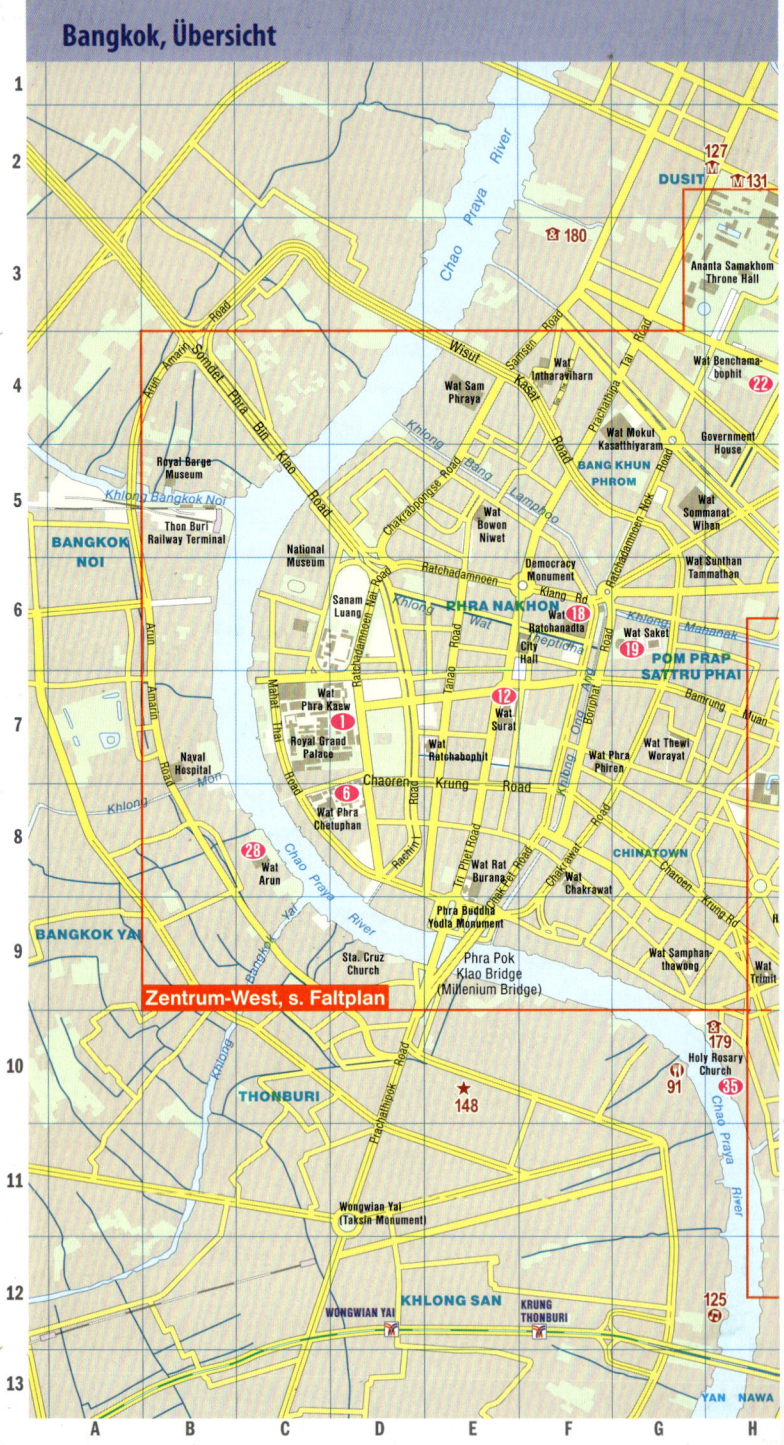

Bangkok, Übersicht